AF298104

LES NOIRS
DE
L'AFRIQUE

Avec 4 cartes

PAR

MAURICE DELAFOSSE
ANCIEN GOUVERNEUR DES COLONIES
PROFESSEUR A L'ÉCOLE COLONIALE
ET A L'ÉCOLE DES LANGUES ORIENTALES

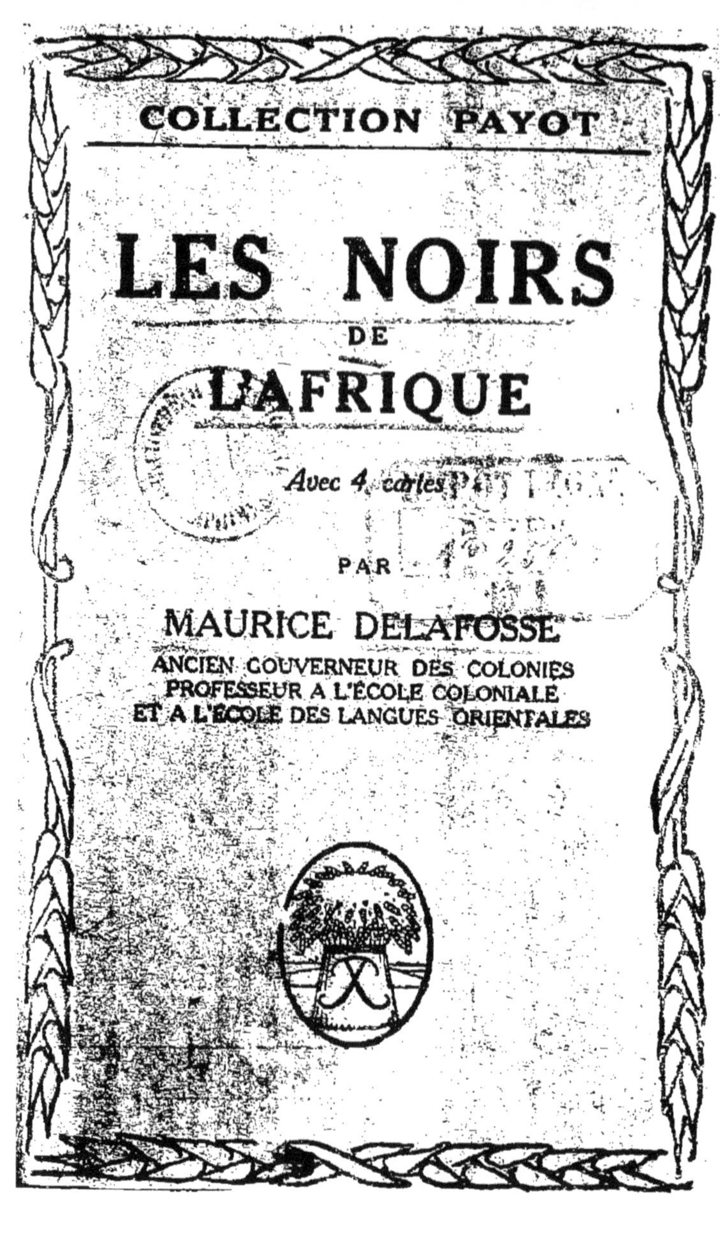

MAURICE DELAFOSSE

ANCIEN GOUVERNEUR DES COLONIES, PROFESSEUR A L'ÉCOLE
COLONIALE ET A L'ÉCOLE DES LANGUES ORIENTALES

LES NOIRS

DE

L'AFRIQUE

Avec 4 cartes.

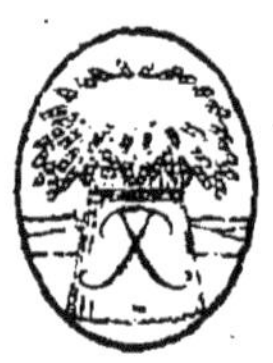

PAYOT & CIE, PARIS

106, BOULEVARD SAINT-GERMAIN

1922

Tous droits réservés.

TABLE DES MATIÈRES

CHAPITRE PREMIER

ORIGINES ET PRÉHISTOIRE

BUT ET OBJET DE CE LIVRE. — ORIGINE DES NOIRS DE L'AFRIQUE. L'HYPOTHÉTIQUE LÉMURIE. — MIGRATIONS OCÉANIENNES. AFRICAINS AUTOCHTONES. — NÉGRILLES ET NÈGRES. — PEUPLEMENT DE L'AFRIQUE. — LES NOIRS AFRICAINS A L'ÉPOQUE D'HÉRODOTE.

Le but de ce livre est de fournir un aperçu d'ensemble sur l'histoire, les civilisations et les caractères matériels, intellectuels et sociaux des populations de race noire qui habitent le continent africain.

Il n'y sera donc point question des peuples de race blanche qui, soit dans l'antiquité, soit depuis, ont joué un rôle si important dans le développement de l'Afrique du Nord et que nous trouvons répandus aujourd'hui, plus ou moins mélangés et transformés, de la Mer Rouge à l'Océan Atlantique et des rives méditerranéennes aux limites méridionales du Sahara : Égyptiens anciens et modernes, Phéniciens et Puniques, Libyens ou Berbères, Arabes et Maures. Plus exactement, il ne sera parlé d'eux que dans la mesure de leur influence sur le perfectionnement des sociétés noires, influence qui a été souvent considérable et qui ne saurait être trop mise en lumière.

Pour les mêmes raisons, il ne sera traité qu'accessoirement des peuples qui, quelque sombre que soit devenue leur pigmentation à la suite de mélanges séculaires et répétés avec les Nègres, sont considérés néanmoins comme appartenant, soit au rameau sémitique de la race blanche comme la portion principale des Abyssins, soit au rameau indonésien de la race jaune comme beaucoup de tribus malgaches. L'île de Madagascar, au surplus, est en dehors des limites géographiques que je me suis assignées.

Par contre, il est des populations africaines qui peuvent se réclamer, en partie tout au moins, d'ascendances non nègres, mais qui se sont en quelque sorte incorporées à la race et à la société noires : celles-ci trouveront leur place dans cette étude. Je me contenterai pour l'instant de citer parmi elles les Peuls du Soudan, les Hottentots de l'Afrique du Sud et un certain nombre de tribus plus ou moins métisses de l'Afrique Orientale que l'on qualifie communément, sans beaucoup de raisons, de chamitiques ou hamitiques.

L'objet du présent ouvrage étant ainsi défini, nous devons commencer par rechercher d'où viennent les Nègres africains. Mais est-il possible de se prononcer sur leur origine première ? Il semble que l'état actuel de nos connaissances ne permet pas encore de répondre à cette question d'une manière définitive ni même seulement satisfaisante.

Aussi bien ne nous la poserions-nous pas, sans doute, si l'Afrique était la seule partie du monde à posséder des Nègres. Mais tel n'est pas le cas et, sans parler, bien entendu, des pays où l'apparition de la race noire n'a eu lieu qu'à une époque récente, par suite de migrations généralement involontaires dont nous connaissons la genèse et les circonstances, comme l'Amérique, nous savons que les habitants réputés autochtones de terres fort éloignées de l'Afrique et séparées d'elle par toute la largeur de l'Océan Indien sont considérés comme appartenant à la race noire au même titre que les Nègres du Mozambique et de la Guinée.

Si les indigènes de l'Australie, de la Papouasie et des îles mélanésiennes sont à ranger dans la même catégorie humaine que les Noirs africains, l'on peut raisonnablement se demander si les premiers viennent de l'Afrique ou les seconds de l'Océanie, ou bien si les uns et les autres n'eurent pas, lors des premiers âges du monde, un habitat commun en quelque hypothétique continent, aujourd'hui disparu, situé entre les terres africaines et les archipels océaniens et ayant constitué autrefois entre celles-là et ceux-ci un trait d'union et un passage. Ce continent, berceau supposé de la race noire, a ses partisans, comme celui que certains prétendent avoir existé anciennement entre l'Europe actuelle et les mers américaines ; il a même reçu un nom, la Lémurie, comme l'autre a été appelé Atlantide, et l'on nous montre ses restes, représentés par Madagascar, les Mascareignes et quantité d'îles de diverses grandeurs, de même que l'on regarde les Canaries et les Açores comme des débris de l'antique Atlantide.

L'existence de la Lémurie demeure problématique. Même si elle était prouvée, il se pourrait que ce continent eût disparu déjà de la face du globe avant l'apparition du premier homme. Il n'est pas besoin d'ailleurs d'avoir recours à cette hypothèse pour justifier la théorie qui fait venir de l'Océanie les Nègres africains. Nous savons aujourd'hui de façon certaine qu'une portion fort importante du peuplement de Madagascar est originaire de l'Indonésie et il paraît bien démontré que, pour une partie tout au moins, la migration s'est opérée à une époque où il n'y avait pas plus de facilités de communication qu'aujourd'hui entre l'Océanie et Madagascar et que les exodes auxquels je fais allusion se sont effectués par mer. On objectera, il est vrai, que les quelque 1.500.000 Malgaches de race indonésienne ne sauraient être mis en parallèle avec les 150 millions d'Africains de race noire. Mais ce dernier chiffre n'a pas été atteint en un jour et il est loisible de supposer que des migrations, comparables comme importance totale à celles qui ont amené à Madagascar des Malais et d'autres Océaniens, mais s'étant produites des milliers d'années auparavant, aient importé en Afrique un élément noir suffisant pour que, se multipliant ensuite sur place de millénaire en millénaire et se fondant avec les éléments autochtones, il soit arrivé à constituer à la longue le chiffre, très approximatif, cité plus haut.

Rien ne s'opposerait en principe à ce que le courant de peuplement eût eu lieu en sens inverse ni à ce que les Noirs de la Mélanésie fussent considérés comme d'origine africaine. Mais un examen attentif des traditions indigènes tend à faire préférer la première des deux hypothèses. Quelque vagues que soient ces traditions, quelle qu'en soit l'incohérence apparente et de quelque vêtement merveilleux que les aient habillées l'imagination et la superstition des Noirs, elles frappent l'esprit le plus prévenu par leur concordance et l'amènent à penser qu'elles doivent, une fois dégagées de leurs accessoires, posséder un fond de vérité. Or toutes les tribus nègres de l'Afrique prétendent que leurs premiers ancêtres sont venus de l'Est. A vrai dire, il s'est produit des migrations dans tous les sens ; mais, si nous analysons méthodiquement toutes les circonstances dont la connaissance nous est parvenue, nous constaterons que les déplacements effectués dans le sens d'une autre direction générale que l'Ouest se sont produits à la suite de guerres locales, d'épidémies, de disettes, et toujours à une époque postérieure à celle à laquelle le groupement examiné fait remonter le début de son histoire. Si nous poussons dans leurs derniers retranchements les indigènes que nous interrogeons, ils nous montrent invariablement le soleil levant comme représentant le point d'où est sorti leur plus ancien patriarche.

Il apparaît donc que l'on peut, jusqu'à preuve du contraire, admettre comme fondée la théorie selon laquelle les Noirs de l'Afrique ne seraient pas à proprement parler des autochtones, mais proviendraient de migrations ayant eu leur point de départ vers la limite de l'Océan Indien et du Pacifique. Quant à préciser l'époque ou les époques de ces migrations, il est plus prudent de s'en abstenir. Tout ce qu'il est permis d'affirmer, c'est que, lorsque l'existence des Nègres africains a été révélée pour la première fois aux peuples anciens de l'Orient et de la Méditerranée, ces Nègres africains occupaient déjà, et sans doute depuis fort longtemps, à peu près les mêmes régions dans lesquelles nous les trouvons de nos jours et qu'ils paraissaient avoir perdu dès alors le souvenir précis de leur habitat primitif.

Quels étaient donc les hommes qui peuplaient le continent africain avant les Noirs et qu'y trouvèrent ceux-ci au moment de leur arrivée ? Et que sont-ils devenus ?

Ici encore, nous en sommes réduits aux suppositions. Cependant celles-ci peuvent s'étayer de quelques données d'une certitude d'ailleurs toute relative, fournies les unes par les traditions locales, d'autres par les récits d'auteurs anciens et les observations de voyageurs modernes, d'autres enfin par les travaux des préhistoriens et des anthropologistes.

Ces derniers ont démontré scientifiquement que les nains ou pygmées signalés de tout temps en certaines régions de l'Afrique appartiennent à une race humaine distincte de la race noire. Non seulement ils sont en moyenne de couleur moins foncée et de taille plus exiguë que la généralité des Nègres, mais en outre ils se différencient de ceux-ci par nombre d'autres caractères physiques, notamment par le rapport plus disproportionné des dimensions respectives de la tête, du tronc et des membres. Les savants leur refusent l'appellation de « nains », qui convient à des individus d'exception dans une race donnée et non à l'ensemble d'une race ; ils rejettent le terme de « pygmées », qui représente à notre esprit l'extrême petitesse de la taille comme un caractère essentiel et prédominant, alors que les hommes dont il s'agit, bien que dépassant rarement 1 m. 55, ne descendent généralement pas au-dessous de 1 m. 40. On leur a donné le nom de « Négrilles ».

Actuellement, le nombre des Négrilles relativement purs de tout croisement n'est pas considérable en Afrique. On en rencontre cependant, à l'état dispersé, dans les forêts du Gabon et du Congo, dans les vallées des hauts affluents du Nil et dans d'autres portions de l'Afrique Équatoriale. Plus au Sud, sous les noms de Hottentots et de Boschimen, Bushmen ou Bochimanes, c'est-à-dire d' « hommes de la brousse », ils forment des groupements plus compacts. Ailleurs, en particulier sur le golfe de Guinée, maints voyageurs ont signalé la présence de tribus de couleur claire, à tête fortement développée, à système pileux abondant, qui semblent bien provenir d'un croisement relativement récent entre Nègres et Négrilles, avec prédominance parfois de ce dernier élément. Il semble bien certain que ce sont là des restes, appelés à diminuer de siècle en siècle et peut-être même à disparaître totalement un jour, d'une population autrefois beaucoup plus répandue.

L'on n'est pas d'accord sur le point qui marqua le terminus du fameux voyage accompli au VIe siècle av. J.-C. par l'amiral carthaginois Hannon le long de la côte occidentale d'Afrique : les estimations extrêmes le placent, les plus larges aux environs de l'île Sherbro, entre Sierra-Leone et Monrovia, les plus rigoristes non loin de l'embouchure de la Gambie. Quoi qu'il en soit, ce hardi navigateur termina son soi-disant périple en une région où l'on ne trouve plus de Négrilles aujourd'hui, mais où il y en avait encore de son temps. Car il n'est pas possible de ne point identifier avec les Négrilles que nous connaissons, dont les habitudes arboricoles ont été très souvent mentionnées par tous ceux qui les ont étudiés, ces petits êtres velus ressemblant à des hommes et se tenant sur les arbres, aperçus par Hannon vers la fin de son voyage d'aller et qualifiés de *gorii* par son interprète. De ce mot, tel au moins qu'il nous est parvenu sous la plume des auteurs grecs et latins qui nous ont révélé les aventures de Hannon, nous avons fait « gorille » ; nous l'avons appliqué à une espèce africaine de singes anthropomorphes, qui ne se rencontre, au moins de nos jours, que bien au Sud du point le plus méridional qu'ait pu atteindre l'amiral carthaginois, et nous avons supposé que les petits êtres velus, ressemblant à des hommes, de ce navigateur étaient des gorilles, sans songer que le gorille, même vu de loin, n'a aucunement l'aspect d'un petit homme, mais bien plutôt celui d'une sorte de géant. Peut-être n'est-il pas outrecuidant de rappeler que *gorii* ou *gôr-yi*, dans la bouche d'un Ouolof du Sénégal, correspond exactement à notre expression « ce sont des hommes » et de suggérer que l'interprète de Hannon, vraisemblablement embauché sur la côte sénégalaise, parlait la langue que l'on y emploie encore de nos jours.

Au siècle suivant, le Perse Sataspe, condamné à faire le tour de l'Afrique pour échapper à la peine de mort prononcée contre lui, franchit le détroit de Gibraltar et fit voile pendant plusieurs mois dans la direction du Sud. Il ne put achever son périple et, de retour à la cour de Xerxès, fut crucifié sur l'ordre de ce roi. Avant de mourir, il raconta que, sur la côte la plus lointaine reconnue par lui, il avait aperçu « de petits hommes, vêtus d'habits de palmier, qui avaient abandonné leurs villes pour s'enfuir dans les montagnes aussitôt qu'ils l'avaient vu aborder ». Ces petits hommes étaient très probablement des Négrilles, mais nous ne pouvons savoir sur quel point de la côte occidentale d'Afrique Sataspe les avait rencontrés. La chose a été contée par Hérodote (livre IV, § XLIII).

Vers la même époque, soit aux environs de l'an 450 av. J.-C., la présence de Négrilles dans la partie septentrionale du pays des Noirs fut signalée par le même historien. Il rapporte au Livre II de son ouvrage (§ XXXII) que des jeunes Nasamons habitant la Syrte, c'est-à-dire la province située entre l'actuelle Tripolitaine et la Cyrénaïque, traversèrent à la suite d'un pari le désert de Libye et atteignirent, au delà d'une vaste étendue sablonneuse, une plaine où il y avait des arbres et que des marécages séparaient d'une ville arrosée par une grande rivière renfermant des crocodiles ; les habitants de cette plaine et de cette ville étaient de petits hommes au teint foncé, d'une taille au-dessous de la moyenne, qui ne comprenaient point la langue libyque. Certains ont voulu identifier la « grande rivière » dont parle Hérodote avec le Niger, d'autres y ont vu le lac Tchad, d'autres encore un bras ou un affluent occidental du Nil ;

quoi qu'il en soit, les Nasamons avaient rencontré des Négrilles à la limite méridionale du Sahara, c'est-à-dire au Nord d'une zone que cette race ne dépasse plus de nos jours.

Les traditions indigènes éclairent la question d'une lueur qui n'est pas négligeable et nous permettent presque de passer du domaine des simples conjectures à celui des probabilités.

Partout, mais principalement dans les contrées d'où les Négrilles ont disparu depuis longtemps, les Noirs considérés comme les plus anciens occupants du sol disent que celui-ci ne leur appartient pas réellement et que, lorsque leurs lointains ancêtres, venant de l'Est, s'y sont établis, ils l'ont trouvé en la possession de petits hommes au teint rougeâtre et à grosse tête qui étaient les véritables autochtones et qui ont, moyennant certaines conventions, accordé aux Nègres arrivés les premiers sur une terre donnée l'autorisation de jouir de cette terre et de la cultiver. Dans la suite des temps, ces petits hommes ont disparu, mais leur souvenir est resté vivace. Généralement, on les a divinisés et identifiés avec les dieux ou génies du sol, de la forêt, des montagnes, des grands arbres, des pierres et des eaux ; souvent on prétend qu'ils revivent sous les espèces d'animaux aux mœurs étranges, tels que le lamantin et des variétés de petites antilopes amphibies (*Limnotragus Gratus* et *Hyœmoschus Aquaticus*). Parfois, comme chez les Mandingues, le même mot *(man ou mâ)* sert à désigner ces antilopes, le lamantin, les génies de la brousse, les légendaires petits hommes rouges, et signifie également « ancêtre » et « maître » et plus particulièrement « maître du sol ». Ainsi les traditions indigènes tendent à établir que les Négrilles auraient précédé les Nègres sur le sol africain et reconnaissent aux premiers des droits éminents de propriété sur ce sol, dont les occupants actuels ne se considèrent que comme des détenteurs précaires et des usufruitiers.

Il semble donc qu'il soit permis, en l'absence de toute certitude à cet égard, de supposer que l'habitat des Nègres africains était primitivement peuplé de Négrilles. Le domaine de ceux-ci ne s'étendait vraisemblablement pas beaucoup au delà des limites de ce qui constitue aujourd'hui en Afrique le domaine des Noirs ; cependant il devait se prolonger un peu plus dans la direction du Nord et couvrir au moins la partie méridionale du Sahara, laquelle était sans doute moins aride qu'elle ne l'est devenue depuis et possédait peut-être des fleuves qui, au cours des siècles, se sont desséchés ou transformés en nappes souterraines. Il est probable que l'Afrique du Nord, très différente déjà du reste du continent et se rapprochant de l'Europe méditerranéenne plus que de l'Afrique centrale et méridionale, était habitée par une autre race d'hommes.

Selon toute probabilité, les Négrilles de l'époque antérieure à la venue des Noirs en Afrique devaient être des chasseurs et des pêcheurs, vivant à l'état semi-nomade qui convient à des hommes se livrant exclusivement à la chasse ou à la pêche. Leurs mœurs se rapprochaient vraisemblablement beaucoup de celles des Négrilles qui existent encore à l'heure actuelle et sans doute parlaient-ils, comme ceux-ci, des langues mi-isolantes mi-agglutinantes caractérisées, au point de vue phonétique, par le phénomène des « clics [1] » et par l'emploi des tons musicaux.

1 On appelle « clic » ou « click » ou encore « claquement » un son produit par le jeu des organes de la parole avec accompagnement d'une *inspiration* d'air et non d'une *expiration*.

Les grands arbres des forêts, les grottes des montagnes, des abris sous roche, des huttes de branchages ou d'écorces, des habitations lacustres construites sur pilotis devaient leur servir, selon les régions, de résidences plus ou moins temporaires. Peut-être s'adonnaient-ils à l'industrie de la pierre taillée ou polie et convient-il de leur attribuer les haches, les pointes de flèche, les grattoirs et les nombreux instruments en pierre que l'on trouve un peu partout dans l'Afrique noire contemporaine et que les Nègres actuels, qui en ignorent la provenance, considèrent comme des pierres tombées du ciel et comme les traces matérielles laissées par la foudre. Il est possible, sans qu'il soit permis encore de formuler à cet égard des affirmations définitives, que les Négrilles n'aient connu que la pierre taillée, alors que leurs voisins préhistoriques de l'Afrique du Nord étaient parvenus déjà à l'art de la pierre polie.

Survinrent les premiers Noirs, qui abordèrent sans doute le continent africain par le Sud-Est. Eux aussi ont dû être des nomades ou des semi-nomades et des chasseurs, principalement parce qu'ils étaient en période de migration et allaient à la recherche de territoires où s'établir, se trouvant obligés, au cours de leurs déplacements continuels, de se nourrir de gibier ; mais ils avaient presque certainement une tendance à se sédentariser et à cultiver le sol dès qu'ils avaient trouvé un terrain favorable et avaient pu s'y installer. Il est probable qu'ils pratiquaient l'industrie de la pierre polie, soit qu'ils l'eussent importée, soit qu'ils l'eussent empruntée plus tard aux autochtones du Nord lorsqu'ils furent en contact avec eux, soit enfin qu'ils eussent perfectionné les procédés des Négrilles. Ils devaient posséder des aptitudes artistiques assez prononcées et une forte imprégnation religieuse. Peut-être est-ce à eux qu'il faut attribuer les monuments en pierre que l'on a découverts en diverses régions de l'Afrique noire, qui ont fort intrigué les savants et dont l'origine demeure mystérieuse, tels que les édifices de Zimbabwé dans la Rhodésia et ces pierres levées et roches gravées de la Gambie dans lesquelles on a pensé retrouver les traces d'un culte solaire. Ils parlaient vraisemblablement des langues à préfixes, dans lesquelles les noms des diverses catégories d'êtres et d'objets étaient répartis en classes grammaticalement distinctes.

S'infiltrant à travers les Négrilles sans se mélanger avec eux à proprement parler, ils durent se saisir de tous les terrains jusqu'alors inoccupés. Lorsqu'ils ne purent le faire, soit parce qu'il n'existait pas de terres disponibles, soit par suite de la résistance des Négrilles, ils repoussèrent ceux-ci pour s'installer à leur place, les chassant vers des régions désertiques telles que le Kalahari où nous les retrouvons encore aujourd'hui, ou bien vers les forêts difficilement cultivables de l'Afrique Équatoriale où ils ont subsisté jusqu'à nos jours en fractions éparses, ou bien encore vers les régions marécageuses du Tchad et du haut Nil où les rencontrèrent plus tard les Nasamons d'Hérodote, ou enfin vers les côtes maritimes de la Guinée septentrionale où les aperçurent Hannon et Sataspe.

Ces premières immigrations de Noirs devaient se composer de Nègres du type dit *bantou*, dont les descendants à peu près purs se retrouvent encore en groupe compact, à l'exception de l'îlot formé par les Hottentots, entre l'Équateur et le Cap de Bonne-Espérance.

Postérieurement à cette première vague d'immigrants noirs, une autre déferla sur l'Afrique, de même origine et selon la même direction, mais constituée par des éléments légèrement différents. Sans doute cette différence n'est-elle attribuable du reste qu'au long espace de temps écoulé entre la première invasion et la seconde, espace de temps que l'on ne saurait évaluer, mais qui peut-être fut représenté par des milliers d'années, durant lesquelles une évolution s'était nécessairement produite dans la souche nègre primitive.

Si nous admettons que les nouveaux arrivants accédèrent au continent africain vers les mêmes parages que ceux qui les avaient précédés, c'est-à-dire sur la côte orientale et à peu près à hauteur des Comores, nous sommes amenés à penser qu'ils trouvèrent les meilleures terres de l'Afrique sub-équatoriale occupées déjà par les premiers immigrants. Les nouveaux venus se trouvèrent donc contraints de pousser plus loin vers le Nord et vers l'Ouest et de s'installer chez les Négrilles demeurés là en possession du sol, en leur demandant une hospitalité qui, vraisemblablement, ne leur fut pas refusée : de là proviendrait la tradition, rapportée plus haut, du Négrille regardé par les Nègres du Soudan et de la Guinée comme le maître éminent de la terre. Ils élurent domicile de préférence dans les régions découvertes, bien arrosées et facilement cultivables situées entre l'Équateur et le Sahara, absorbant les quelques éléments *bantou* qui y étaient déjà installés ou les refoulant vers le Nord-Est (Kordofan) ou vers le Nord-Ouest (Cameroun, Golfe du Bénin, Côte d'Ivoire, Côte des Graines, Rivières du Sud, Gambie et Casamance) ,où nous retrouvons aujourd'hui çà et là des langues, telles que certains parlers du Kordofan, telles que le *diola* de la Gambie et de la Casamance, qui se rattachent très étroitement au type *bantou.*.

Ils durent se mêler aux Négrilles beaucoup plus que ne

l'avaient fait les premiers immigrants noirs et se les assimiler peu à peu, en même temps qu'ils perfectionnaient
les techniques des autochtones et des *Bantou*, développant
l'agriculture, introduisant un rudiment d'élevage du bétail
et de la volaille, domestiquant la pintade, important ou
généralisant l'usage de faire du feu et de s'en servir pour
la cuisson des aliments, inventant le travail du fer et de
la poterie. Leurs langues devaient posséder le même système de classes de noms que celles des *Bantou*, mais pro-
céder par le moyen de suffixes au lieu d'employer des préfixes. Au point de vue linguistique comme au point de vue
anthropologique, l'élément négrille et l'élément nègre,
partout où ils fusionnèrent, réagirent très certainement
l'un sur l'autre, dans des proportions d'ailleurs fort variables,
selon que l'un ou l'autre se trouva prédominer. De ces
fusions inégales naquirent vraisemblablement les diffé-
rences souvent profondes que nous constatons aujourd'hui
encore entre les diverses populations de la Guinée et d'une
partie du Soudan comme entre leurs idiomes.

Il est infiniment probable aussi que les envahisseurs
nègres qui s'étaient avancés le plus loin dans la direction
du Nord s'y trouvèrent en contact avec les autochtones
primitifs, de race blanche méditerranéenne, qui étaient,
à partir du Sahara central, dans les pays devenus plus tard
l'Égypte et la Libye, les contemporains des Négrilles du
Sahara méridional et du reste de l'Afrique. Ce contact ne
put pas se produire ni surtout se prolonger sans qu'il en
résultât des mélanges et des unions entre les peuples blancs
préhistoriques de l'Afrique du Nord et les immigrants
noirs succédant aux Négrilles ou fondus déjà en partie
avec ces derniers. C'est très vraisemblablement à ces mélanges fort anciens, à ces unions lointaines, qu'il convient

de faire remonter pour la plus grande part l'origine de ces peuples ou fractions de peuples qu'on appelle parfois des négroïdes, que l'on rencontre d'une manière presque continue à la limite sud de la zone désertique actuelle et parfois même plus au Nord, de la Mer Rouge à l'Océan Atlantique, et qui nous apparaissent tantôt comme des populations de race blanche fortement métissées de sang noir (Bichari, Somali, Galla, Danakil, Sidama, etc.), tantôt comme des populations de race noire plus ou moins métissées de sang blanc (Massaï, Nouba, Toubou, Kanouri, Haoussa, Songoï, Sarakollé, Toucouleurs, Ouolofs), les traces de métissage se révélant tantôt dans l'aspect physique ou physiologique, tantôt dans les aptitudes intellectuelles, tantôt dans le langage, ou dans ces trois éléments à la fois. Il est même possible que les éléments de race blanche qui se manifestent incontestablement chez certaines familles peules tirent de cette circonstance une part appréciable de leur origine. Il est possible aussi que ce soit à la même cause qu'il faille attribuer les traces fort anciennes de sang noir relevées tant chez les Égyptiens de l'époque des Pharaons que chez les Abyssins modernes et chez beaucoup de tribus berbères ou arabo-berbères, indépendamment des métissages produits ultérieurement par des unions avec des esclaves noires.

Ainsi donc, pour me résumer en demeurant dans les limites de cette étude, voici comment on peut supposer que s'est fait le peuplement de l'Afrique sub-saharienne, tout au moins dans ses grandes lignes. Au Sud de l'Équateur, les Noirs de la première vague d'invasion se sont installés à peu près partout, conservant au milieu d'eux des îlots de Négrilles demeurés à peu près purs, et restant eux-mêmes à peu près purs de tout mélange avec les Négrilles comme avec les Nègres de la deuxième invasion et avec les autochtones blancs du Nord : ce sont les Nègres du type dit *bantou*. Au Nord de l'Équateur, dans la partie méridionale du Soudan et le long du golfe de Guinée, les Noirs de la seconde immigration, plus ou moins mélangés avec des Négrilles et avec les éléments les plus avancés des *Bantou*, ont constitué le type, extrêmement varié, de ce que nous appelons les Nègres de Guinée. Plus au Nord encore, des Noirs provenant également de la seconde vague d'invasion, en se mêlant avec des Négrilles et avec des autochtones de race méditerranéenne, formèrent le type, très varié aussi, de ce que nous dénommons les Soudanais. En beaucoup de régions, le passage de l'un de ces trois types primordiaux à un autre s'opère par des graduations souvent imperceptibles, donnant lieu à un grand nombre de types intermédiaires très difficiles à définir.

Bien des faits viennent corroborer l'hypothèse qui tendrait à reporter la formation première des populations soudanaises qualifiées de négroïdes à une époque beaucoup plus reculée que celle qu'on lui assigne généralement et à attribuer aux peuples préhistoriques qui ont précédé dans l'Afrique du Nord les Égyptiens, les Libyco-Berbères et les Sémites l'influence que l'on a souvent accordée à ceux-ci. Il ne s'ensuit pas que le rôle des Égyptiens, des Libyco-Berbères et des Sémites ait été nul dans la constitution définitive de certains peuples négroïdes étiquetés les uns comme Chamites ou Hamites et les autres comme Soudanais. Mais, si ce rôle n'est pas niable en ce qui concerne le développement de la civilisation de ces peuples ni, dans une certaine mesure, pour ce qui est de l'évolution de leurs langages, il semble bien qu'il ait été beaucoup moins important, au point de vue physiologique, que le rôle joué par des populations plus anciennes dont nous ne savons du reste à peu près rien, sinon qu'elles existaient déjà bien avant l'époque de la première dynastie égyptienne.

Nous avons en général une tendance à placer beaucoup trop près de nous les faits dont nous ignorons la date et à faire entrer dans des périodes, dont nous connaissons par ailleurs approximativement l'histoire, des événements qui, la plupart du temps, ont précédé ces périodes de plusieurs siècles ou même de plusieurs milliers d'années et qui, d'autre part, ont exigé plusieurs siècles ou même plusieurs millénaires pour s'accomplir intégralement. Cette tendance se fait remarquer chez beaucoup d'auteurs qui traitent de la formation des pays ou de celle des peuples, et il est nécessaire de réagir contre une aussi fâcheuse habitude.

Il semble bien certain que le Sahara n'a pas toujours été le désert qu'il est aujourd'hui, mais son dessèchement ne s'est vraisemblablement pas produit plus vite que la transformation en terre ferme de l'ancienne mer qui s'étendait là où est maintenant l'Ile de France. Nous ne devons pas oublier que les limites assignées par Hérodote à la portion cultivable de la Libye, environ cinq siècles avant notre ère, étaient sensiblement les mêmes que celles que nous observons de nos jours au Maroc, en Algérie, en Tunisie, en Tripolitaine et en Cyrénaïque. De même, le peu que nous révèlent des populations noires de l'Afrique les monuments égyptiens tend à établir qu'elles étaient à peu près dans le même état et occupaient à peu près les mêmes territoires il y a six mille ans qu'aujourd'hui. En réalité, la formation des peuples nègres et négroïdes devait être achevée dans ses grandes lignes au temps de Sésostris et peut-être bien plus tôt encore.

Des changements sont assurément survenus depuis.

Des groupes se sont constitués, d'autres se sont dissociés. Des fractions se sont portées d'un point à un autre, des conquêtes et des migrations ont eu lieu qui ont causé la disparition d'anciennes tribus et la naissance de nouvelles. Des États sont apparus et se sont écroulés. En un mot, l'Afrique noire a vécu, comme toutes les parties du monde humain. Mais elle était déjà parvenue à l'âge adulte, sans aucun doute, bien avant l'époque à laquelle remonte le premier document historique qui nous soit parvenu.

La civilisation des Noirs elle-même ne paraît pas avoir subi, dans son ensemble, de modifications bien profondes depuis des milliers d'années. Tout au moins existe-t-il encore de nos jours de nombreuses peuplades nègres dont le développement matériel semble être demeuré au même stade où il se trouvait du temps des Pharaons et dont les vêtements, les armes et les outils sont exactement identiques aux vêtements, aux armes et aux outils que portent les Nègres représentés sur les peintures et les bas-reliefs de l'ancienne Égypte.

Cependant, à ce point de vue, l'évolution a été fatalement plus marquée que dans le domaine purement anthropologique. Elle a été beaucoup plus aidée aussi par le contact des civilisations supérieures qui se sont manifestées dans l'Afrique du Nord à l'époque historique, et, si certains éléments nègres n'ont pas pu ou n'ont pas su profiter de ce contact, d'autres en ont certainement bénéficié.

J'ai dit plus haut qu'il convenait peut-être d'attribuer aux Noirs de la deuxième vague d'immigration l'invention locale du travail du fer. Il ne s'ensuit pas nécessairement qu'ils connussent déjà ce métal lorsqu'ils abordèrent en Afrique ni qu'ils n'aient pas emprunté à une influence étrangère le secret de sa fabrication. Un passage de l'Histoire d'Hérodote est, à cet égard, fort instructif. Dans son Livre II (§§ XXIX et XXX), l'auteur grec nous a fixés à peu près sur les limites septentrionales atteintes de son temps dans la vallée du Nil par les Noirs, qu'il appelle « Éthiopiens » ; ces limites étaient sensiblement identiques à celles qu'ils atteignent de nos jours. On trouvait déjà des Noirs, nous dit-il, « au-dessus d'Éléphantine », c'est-à-dire en amont de la première cataracte, les uns sédentaires et les autres nomades, vivant côte à côte avec des Égyptiens ; mais leur vraie patrie ne commençait qu'un peu au Nord de la ville actuelle de Khartoum, à Méroé, qui était leur capitale d'après Hérodote et au Sud de laquelle vivaient les « Automoles », ceux-ci étant des Égyptiens qui, passés au service du roi des « Éthiopiens », s'étaient établis dans le pays de ces derniers, avaient épousé des femmes noires et avaient fait bénéficier de la civilisation égyptienne les Nègres de la région.

Plus loin (Livre VII, § LXIX), passant en revue les contingents cosmopolites dont l'ensemble constituait l'armée de Xerxès, il nous dit que les « Éthiopiens » — mot par lequel il convient toujours d'entendre les Noirs africains — étaient « vêtus de peaux de léopard et de lion, avaient des arcs de branches de palmiers de quatre coudées au moins, *et de longues flèches de canne à l'extrémité desquelles était, au lieu de fer, une pierre pointue dont ils se servent aussi pour graver leurs cachets.* Outre cela, ils portaient *des javelots armés de cornes de chevreuil pointues et travaillées comme un fer de lance,* des massues pleines de nœuds. Quand ils vont au combat, ils se frottent la moitié du corps avec du plâtre et l'autre moitié avec du vermillon ».

Qui ne reconnaîtrait dans ce portrait les guerriers nègres de maintes tribus actuelles du Golfe de Guinée, de la Boucle du Niger et de l'Afrique Équatoriale ou Méridionale ? A part les pointes de flèche et de javelot, qui sont maintenant en fer au lieu d'être en pierre ou en corne, et en remplaçant les termes « plâtre » et « vermillon » du traducteur français [1] par « terre blanche » et « terre rouge », il est frappant de constater combien l'équipement des Noirs de l'armée de Xerxès, quatre siècles et demi avant notre ère, différait peu de celui que nous pouvons voir, vingt-quatre siècles plus tard, sur beaucoup de leurs descendants.

Et qu'on ne s'y trompe pas : les « Éthiopiens » dont il vient d'être question étaient bien des Nègres et non point les ancêtres des Abyssins actuels, auxquels nous donnons communément ce nom d'Éthiopiens. Hérodote lui-même précise ce détail un peu plus loin (même Livre, § LXX) en désignant les Abyssins sous l'expression d' « Éthiopiens Orientaux » et en faisant observer qu'ils se différenciaient des autres « Éthiopiens » en ce qu'ils avaient les cheveux droits, tandis que les Nègres ou Éthiopiens Occidentaux, qu'il appelle « Éthiopiens » tout court ou « Éthiopiens de Libye », les avaient « plus crépus que tous les autres hommes ». Il ajoute que les uns et les autres parlaient des langages différents.

De ces divers témoignages d'Hérodote, joints à ceux de Hannon et de Sataspe, l'on peut inférer que, dès le ve siècle avant notre ère, les Noirs occupaient en Afrique les mêmes territoires où on les rencontre aujourd'hui, qu'ils avaient à peu près achevé leur formation ethnique, bien que l'absorption par eux des Négrilles ne fût pas tout à fait aussi complète qu'elle l'est devenue depuis, et enfin que les mœurs et la civilisation matérielle des plus avancés d'entre

---

1. La traduction citée est celle de Larcher, revue par Émile Pessonneaux (Paris, 1883 pages 508 et 509).

eux étaient sensiblement celles que l'on observe de nos jours chez les Nègres demeurés les plus primitifs.

Ce sera là la conclusion de ce premier chapitre, qui, ainsi qu'on le voit, est rempli par des conjectures plus que par des faits. Comme son titre l'indique, il a trait à de la préhistoire, et la préhistoire demeure fatalement dans le domaine des hypothèses, quelles que soient les sociétés humaines auxquelles elle s'applique. Seulement, en ce qui concerne les Noirs de l'Afrique, la préhistoire a duré beaucoup plus longtemps que l'histoire et celle-ci ne commence qu'à une époque très voisine de notre temps.

BIBLIOGRAPHIE [1]

HÉRODOTE, *Histoire* (traduction Larcher revue par Pessonneaux), Paris, 1883, in-18. — E. MERCIER, *Histoire de l'Afrique Septentrionale depuis les temps les plus reculés jusqu'à la conquête française*, Paris, 1888-1891, 3 vol. in-8. — C. PETERS, *Im Goldland des Altertums, Forschungen zwischen Zambesi und Sabi*, Berlin, 1902, in-8. — Dr POUTRIN, *Contribution à l'étude des Négrilles (type brachycéphale)*. dans *L'Anthropologie*, tome XXI, Paris, 1910. — Le même, *Les Négrille du Centre Africain (type sous-dolichocéphale)*, ibid., tomes XXII et XXIII, Paris, 1911-1912. — Dr JOUENNE, *Les monuments mégalithiques du Sénégal*, dans *Annuaire et mémoires du Comité d'études historiques et scientifiques de l'Afrique Occidentale française*, Gorée, 1916 et 1917, et dans *Bulletin du Comité d'études*, etc., Paris, 1918. — Le même, *Les roches gravées du Sénégal*, ibid., 1920.

1. Sous cette rubrique sont mentionnés, à la fin de chaque chapitre, quelques-uns des ouvrages traitant, soit spécialement, soit incidemment, des questons qui ont fait l'objet du chapitre. Les auteurs cités le sont sans aucune partialité ; plusieurs d'entre eux ont développé des idées qui ne concordent pas entièrement avec celles qu'on trouvera exposées dans le présent ouvrage ou même en diffèrent notablement. Bien entendu, chaque liste est loin d'être exhaustive.

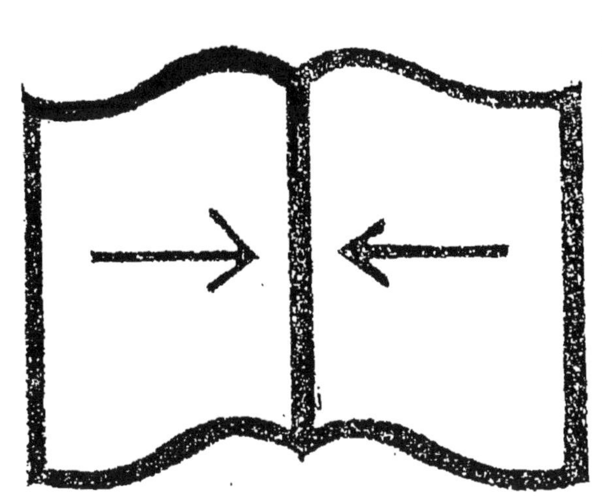

RELIURE SERREE
Absence de marges
intérieures

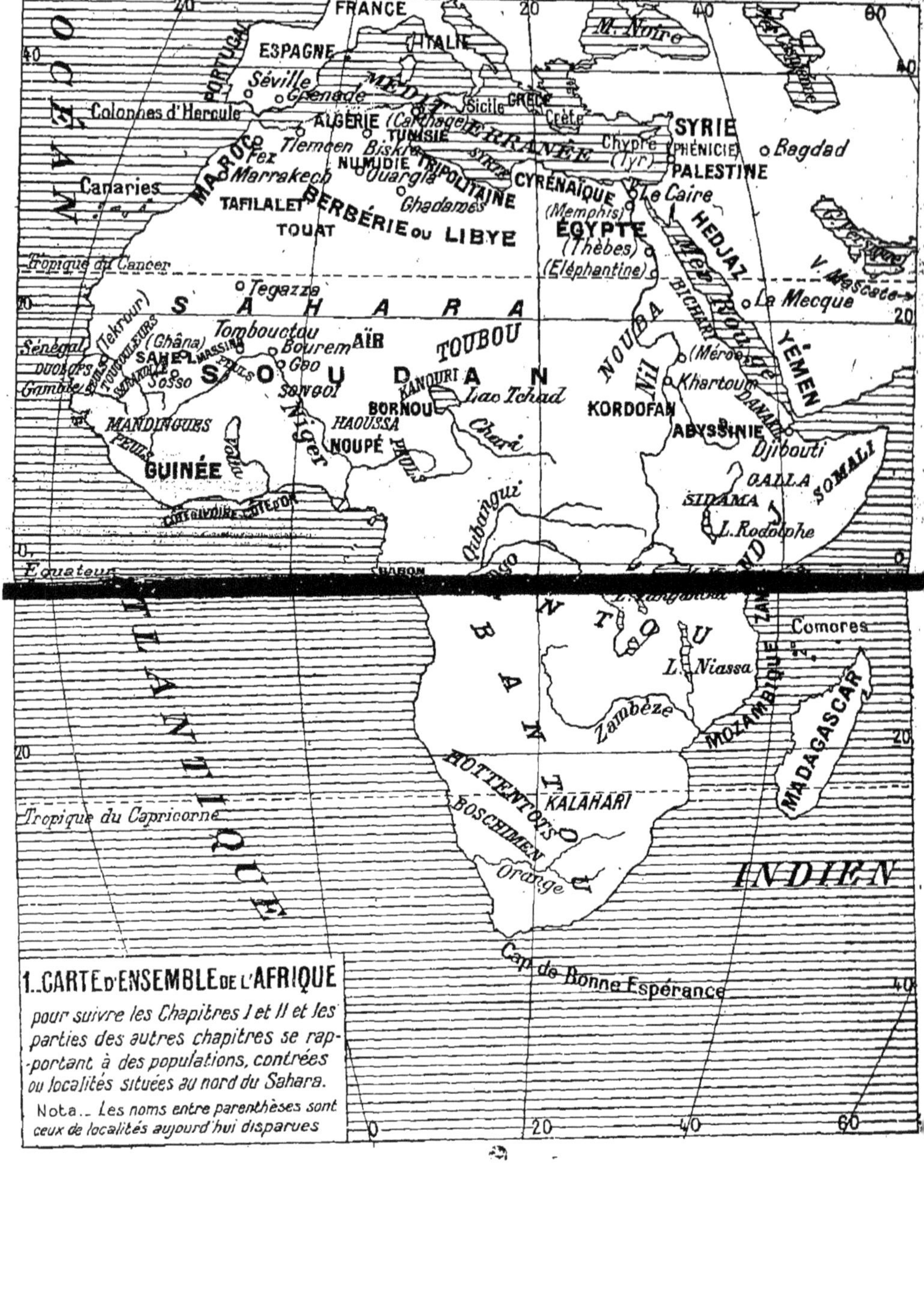

1.. CARTE D'ENSEMBLE DE L'AFRIQUE

pour suivre les Chapitres I et II et les parties des autres chapitres se rap-portant à des populations, contrées ou localités situées au nord du Sahara.

Nota.. Les noms entre parenthèses sont ceux de localités aujourd'hui disparues

CHAPITRE II

DÉVELOPPEMENT DES CIVILISATIONS NOIRES DANS L'ANTIQUITÉ

INDIGENCE DE LA DOCUMENTATION HISTORIQUE. — L'ÉGYPTE ANCIENNE ET L'AFRIQUE NOIRE. — LES « PIERRES D'AIGRIS ». INFLUENCE PHÉNICIENNE ET CARTHAGINOISE. — LES SÉMITES ABYSSINS ET LES « BENI-ISRAËL ». — ROMAINS ET BERBÈRES.

J'ai dû, au cours du précédent chapitre, user presque uniquement du mode hypothétique. Je serai forcé, dans celui-ci et dans le suivant, d'y avoir recours très fréquemment encore, tant sont rares les documents sur lesquels nous pouvons nous reposer avec assez de confiance pour en déduire des affirmations.

Jusqu'ici en effet l'Afrique noire ne nous a livré aucun monument, en dehors de quelques ruines qui ne racontent pas leur histoire et qu'on ne sait à qui attribuer, ou de quelques tombeaux qui peuvent aussi bien remonter à cinquante ans qu'à cinq mille ans et dans lesquels on trouve de tout, sauf des indications précises, à moins qu'une ins-cription arabe ne vienne nous apprendre qu'il s'agit de sépultures modernes.

Les Noirs n'ont rien écrit, à l'exception de rares ouvrages

en arabe dont les plus anciens que l'on possède actuellement datent du XVIe siècle et qui, copiés le plus souvent les uns sur les autres, ne renferment sur l'histoire ancienne du pays que quelques pages où ce qui peut être la vérité se trouve obscurci par la légende et par le souci de tout rattacher à l'islam et à la famille de Mahomet.

Beaucoup plus nombreuses et plus riches sont les traditions conservées oralement parmi les indigènes, mais elles sont devenues bien confuses dès qu'il s'agit de faits remontant à plusieurs siècles et, sans aucunement nier leur valeur, il convient de n'user de cette source de renseignements qu'avec la plus extrême prudence.

Dans les auteurs grecs et latins, des bribes de documentation, souvent contradictoires et ne s'appuyant sur rien de bien solide, peuvent tout au plus fournir quelques indications vagues et sans cohésion, parfois quelques points de repère. Les noms des contrées, des localités et des peuples sont généralement difficiles à identifier et, quand on les examine sans parti pris, on constate que tous se réfèrent à des contrées, des localités et des peuples appartenant à l'Afrique du Nord et non à l'Afrique noire ; lorsque par hasard un renseignement géographique ou ethnique semble se rapporter aux Nègres ou à leur pays, il est noyé dans un amalgame d'impossibilités et d'obscurités d'où il est extrêmement malaisé de faire jaillir la lumière.

Pour la période du Moyen Age, nous sommes un peu mieux renseignés par les géographes et historiens musulmans de la Berbérie, de l'Espagne, de l'Égypte et de la péninsule arabique, et par les quelques ouvrages rédigés plus tard en arabe par des Soudanais et auxquels j'ai fait allusion plus haut. Encore ces renseignements sont-ils fort imparfaits et tout à fait fragmentaires et se limitent-ils aux contrées limitrophes du Sahara ou à celles de la côte orientale d'Afrique qui se trouvaient en relations plus ou moins directes avec les Arabes de la Méditerranée ou de la Mer d'Oman. En ce qui concerne les peuples noirs plus éloignés, ceux de la Guinée, du Congo, de l'Afrique du Sud, c'est la nuit presque absolue jusqu'au jour où ils commencèrent à être visités par des Européens, c'est-à-dire jusqu'au XVe siècle de notre ère.

Nous avons vu, au chapitre précédent, ce qu'il est permis de conjecturer au sujet de la situation des Noirs africains à l'époque d'Hérodote. Nous avons vu aussi qu'au témoignage de cet auteur la civilisation égyptienne n'avait pas été sans influer sur celle des Nègres de la région de Méroé. On peut admettre que l'influence de l'Égypte ancienne se porta plus loin encore et pénétra jusque dans la partie supérieure de la vallée du Nil. Peut-être, de proche en proche, se fit-elle sentir jusqu'aux Grands Lacs, ainsi que semblent en témoigner certaines manifestations artistiques qui rappellent la manière ou les procédés de l'antique Égypte. Il est possible même que, transmises indirectement de peuplade à peuplade, des infiltrations d'ordre religieux ou industriel, ayant leur point de départ à Memphis ou à Thèbes, aient gagné des pays fort éloignés du Nil et n'ayant vraisemblablement jamais été en relations directes avec l'Égypte, tels que certaines régions du Golfe de Bénin ou des parages voisins.

On rencontre à peu près dans toute l'Afrique, soit dans des tombeaux ou des tumuli réputés anciens, soit sur le corps de vivants qui disent les tenir de leurs plus lointains ancêtres, des verroteries auxquelles les Noirs attribuent une très grosse valeur et qui ressemblent étrangement, par leur forme, par leur coloration et par la matière dont elles sont faites, à des verroteries analogues que portaient les Égyptiens et dont ils ornaient souvent leurs momies. Ces sortes de perles, généralement cylindriques, ont fait aux XVIe et XVIIe siècles l'objet d'un commerce actif de la part des navigateurs anglais et surtout hollandais, qui les achetaient aux indigènes des pays où elles étaient relativement abondantes et allaient les revendre avec bénéfice dans les contrées où elles étaient plus rares. Ces navigateurs leur ont donné le nom de « pierres d'aigris » ou *aggry-beads*, dont on ignore d'ailleurs l'origine exacte. A diverses reprises, des verriers de Venise et de Bohême en ont fabriqué des contrefaçons, auxquelles les Noirs ne se sont pas laissé tromper.

Quoi qu'il en soit, la présence chez les Nègres africains de ces verroteries certainement très anciennes, la valeur qu'elles représentent à leurs yeux et le mystère qui entoure leur provenance première ne suffisent pas à conclure à l'existence de relations commerciales entre l'Égypte des Pharaons et l'Afrique Occidentale ou Centrale. D'une part, en effet, les tombeaux assyriens et phéniciens en renferment d'identiques, ce qui nous laisse perplexes quant au lieu de leur fabrication et par suite quant à leur point de départ, qui peut être cherché à Ninive ou à Tyr aussi bien qu'à Memphis. D'autre part, on en a trouvé dans le Nord de l'Europe et dans l'Est de l'Asie, ce qui indique une aire de dispersion considérable et certainement hors de proportion avec les limites que l'on doit raisonnablement assigner à l'influence de la civilisation égyptienne.

Dans la plupart des pays où, actuellement encore, les Noirs trouvent des « pierres d'aigris » en fouillant d'anciennes sépultures, une tradition a cours aux termes de laquelle ces perles auraient été importées par des hommes.

aux cheveux longs et au teint clair, que la légende fait
venir du ciel et que leurs congénères enterraient après
avoir orné leurs cadavres des verroteries en question. Cette
tradition m'avait fait penser tout d'abord à la possibilité
de relations caravanières entre les anciens Égyptiens et des
peuplades aussi éloignées du Nil que celles habitant, par
exemple, la Côte d'Or et la Côte d'Ivoire. J'ai réfléchi
depuis que, si l'on admet que des hommes de race blanche,
porteurs de « pierres d'aigris », se soient avancés autrefois
jusqu'en ces lointaines régions, il serait beaucoup plus
vraisemblable de les faire venir de la Berbérie — au sens
géographique donné aujourd'hui à ce mot — que de l'Égypte.
Il n'est pas parvenu à notre connaissance que les Égyptiens
aient fait grand commerce avec les Nègres, sauf avec
ceux de la vallée du Nil chez lesquels ils se procuraient des
esclaves, tandis que, de tout temps comme aujourd'hui,
les habitants de ce qu'Hérodote appelait la Libye et que
nous dénommons la Berbérie ou les côtes barbaresques
(Tripolitaine, Tunisie, Algérie, Maroc) n'ont pas hésité
à traverser le Sahara et à s'aventurer jusque chez les Noirs
pour leur acheter principalement de la poudre d'or en
échange de diverses marchandises. Et, parmi ces marchandises, le géographe arabe Yakout signale, comme étant
fort en honneur de son temps, c'est-à-dire au début du
XIIIᵉ siècle, les anneaux de cuivre et les perles de verre
bleu. Or les « pierres d'aigris » les plus appréciées des
Noirs sont précisément des perles de verre bleu.

On est donc en droit de supposer que ces verroteries,
peut-être de fabrication phénicienne mais en tout cas
abondantes chez les Phéniciens, furent importées tout
d'abord par ceux-ci dans les comptoirs qu'ils avaient fondés
dès le XIIᵉ siècle avant notre ère sur toute la côte méditer-

ranéenne de l'Afrique ; que leurs colons, Carthaginois et autres, les introduisirent ensuite dans le Sahara et jusqu'au Soudan ; que les marchands berbères, puis arabes ou arabo-berbères, de la Tripolitaine, du Touat, du Tafilalet et du Dara ou Draa continuèrent ce trafic, et qu'en définitive, les hommes à longs cheveux et à teint clair, d'origine soi-disant céleste, dont parlent les traditions des Nègres, ont pu être successivement des caravaniers phéniciens, puniques, berbères et maures.

Quant à la trace d'influences égyptiennes que certains voyageurs ont prétendu retrouver dans les maisons de Dienné et dans les minarets pyramidaux des mosquées soudanaises, il me paraît inutile d'en démontrer l'inexistence autrement qu'en rappelant que les constructions dont il s'agit sont postérieures à l'islamisation du pays des Noirs et rappellent singulièrement un type d'architecture fort répandu dans les pays arabo-berbères du Nord du Sahara. Faut-il mentionner encore la fantaisie de ceux qui ont voulu découvrir l'origine du nom des Foula, Foulbé ou Peuls dans celui des *fellah* d'Égypte, sans prendre garde que *fellah* est un mot arabe servant à désigner les paysans de n'importe quel pays et de n'importe quelle nationalité et qu'il n'y a pas plus de *fellah* en Égypte qu'au Maroc, en Syrie et partout où des gens se livrent à la culture de la terre ?

Par contre, une étude attentive des faits m'amène à formuler une hypothèse qui, sans doute, se vérifiera avec le temps et qui tendrait à attribuer à l'activité des colonies phéniciennes de l'Afrique du Nord, et notamment de Carthage, une influence très considérable sur le développement des civilisations soudanaises, beaucoup plus considérable et plus directe aussi, au moins en ce qui concerne l'Afrique Occidentale et Centrale, que l'influence ayant eu son point de départ en Égypte. Cette hypothèse ne repose pas que sur de simples conjectures.

En étudiant les mots d'origine sémitique qui ont acquis droit de cité dans la plupart des langues nègres du Soudan et de son arrière-pays, j'ai constaté qu'ils se divisaient, dans leur ensemble, en deux grandes catégories, très distinctes l'une de l'autre. Les uns se rapportent à peu près exclusivement aux dogmes et aux rites de la religion musulmane ou aux notions de droit, d'hagiographie, de magie, qui constituent le bagage accessoire de toute islamisation ; ceux-ci, de par leur signification même et les idées qu'ils représentent, n'ont pu être introduits que postérieurement à l'hégire ; ils se caractérisent par le fait que, d'origine assurément arabe, ils n'ont pas été empruntés à l'arabe parlé, mais à l'arabe écrit, et ont passé dans les langues soudanaises avec la forme, seulement altérée par la prononciation nègre, qu'ils revêtent dans l'arabe grammatical : ce sont des mots de formation savante. L'autre catégorie comprend des mots servant à désigner des objets matériels — par exemple, des pièces de harnachement, des armes, des outils, des vêtements, etc. — ou des idées générales le plus souvent abstraites, objets et idées que ne possédaient pas les Noirs et qu'ils ont empruntés en même temps que les vocables destinés à les représenter ; ces mots ont bien leurs correspondants en arabe, puisque, comme je l'ai dit, ils sont incontestablement sémitiques ; mais jamais ils ne répondent à la forme grammaticale et, le plus souvent, ils s'éloignent énormément même de la forme populaire ; entre le mot arabe et le mot incorporé dans les langues soudanaises, l'on ne retrouve pas les alternances phonétiques qui sont la loi pour le passage, de l'arabe aux parlers soudanais, des mots de la première catégorie : il semble donc que l'emprunt ait été fait à une langue sémitique autre que l'arabe et, apparemment, à une date bien antérieure à l'introduction de l'arabe en Afrique. Ces mots n'auraient-ils pas été empruntés au phénicien ou au punique ?

Quelle qu'ait été l'envergure des expéditions maritimes entreprises par les Phéniciens et les Carthaginois et si loin que soient allés vers le Sud, au delà des Colonnes d'Hercule, Hannon et ses collègues, il n'est pas vraisemblable que Carthage et les autres colonies phéniciennes d'Afrique aient pu nouer par mer des relations suivies avec les Noirs. Mais il n'en fut certainement pas de même par la voie de terre.

Carthage tenait des Phéniciens, ses fondateurs, des aptitudes exceptionnelles pour ce que l'on pourrait appeler le négoce à longue portée. Ses citoyens ne tardèrent pas à s'apercevoir des ressources que pouvaient leur procurer des échanges entrepris avec les Noirs qui, par delà le désert improductif, habitaient des régions fertiles, riches en hommes et riches en or. Ils organisèrent des caravanes qui devaient ressembler beaucoup à celles qui circulent aujourd'hui encore à travers le Sahara et qui allaient chercher au Soudan des esclaves, de la poudre d'or, des plumes d'autruche, de l'ivoire, en y portant des tissus, des vêtements, du cuivre, des verroteries. Ces marchands carthaginois faisaient sans doute ce que font de nos jours leurs successeurs tripolitains et marocains : ils ne se contentaient pas d'escorter leurs convois de chameaux, ils séjournaient quelque peu au pays des Noirs, s'installaient en colonies temporaires dans les principaux centres situés en bordure du désert et, de là, comme maintenant les Maures, rayonnaient dans les provinces voisines. Aussi dut-il y avoir,

pendant des centaines et des centaines d'années, autre
chose que des échanges de produits entre Carthage et le
Soudan : il y eut contact entre les Noirs encore très frustes
et les représentants de l'une des civilisations les plus raffi-
nées qu'ait connues l'antiquité. Ce contact ne put pas ne
point porter ses fruits.

Comme je le suggérais tout à l'heure, il introduisit
chez les Noirs, avec des mots nouveaux pour les désigner
ou les exprimer, des objets nouveaux et des idées nouvelles.
Sans doute le cheval, venu de Libye, était-il déjà connu
au Soudan, mais sans doute aussi n'y était-il guère utilisé :
les Carthaginois enseignèrent aux Nègres l'art de l'équita-
tion et l'usage du mors, des étriers, de la selle. En même
temps qu'ils leur vendaient des tissus et des sortes de chemise, ils leur apportèrent vraisemblablement des semences
de cotonnier et leur apprirent à tisser les fibres du coton
et à coudre les étoffes. Ils leur montrèrent aussi à travailler
cet or que les Nègres s'étaient contentés jusqu'alors d'ex-
traire des alluvions et, par imitation, l'industrie du cuivre
et celle du bronze se développèrent, tandis que se perfectionnaient celles du fer et de l'argile et que naissait celle
du verre, qui subsistait encore au siècle dernier dans quelques localités du Noupé, sur le bas Niger.

Assurément, tout cela n'est que suppositions, mais ce
sont des suppositions vraisemblables.

Dans l'Est de l'Afrique, une autre civilisation d'origine
également sémitique accomplissait une œuvre analogue
parmi les populations négroïdes et nègres de son voisinage.
Je veux parler de la civilisation abyssine qui, née dans le
Sud de la presqu'île arabique, passée en Afrique avec des
Yéménites émigrés dès une époque très reculée, développée
au contact de la civilisation égyptienne sur laquelle elle ne

manqua pas à son tour de réagir plus d'une fois, amena chez les Noirs plus ou moins métissés des côtes de la Mer Rouge, comme chez les Nègres répandus dans le Soudan oriental et entre les montagnes d'Éthiopie et les Grands Lacs, une transformation comparable à celle que les colonies phéniciennes de la Méditerranée apportaient à distance chez les Noirs du Soudan central et occidental.

Les traditions locales ont conservé le souvenir d'autres Sémites, qu'elles qualifient du nom d'Israélites *(Beni-Israël)*, sans que nous puissions décider si cette qualification est d'importation musulmane et relativement récente ou si elle répond réellement à l'origine de cet élément demeuré mystérieux. Il est fort possible en effet que les Sémites dont il s'agit pour l'instant provinssent de la patrie d'Abraham et fussent un rameau de cette population en partie hébraïque dont les étonnantes destinées n'ont pas troublé que Bossuet. Faut-il les rattacher aux Hébreux que Joseph, fils d'Israël, fit venir en Égypte et qui ne seraient pas tous retournés en Terre-Sainte avec Moïse, un certain nombre ayant au contraire fait route vers l'Ouest ? Faut-il voir en eux les restes africains de ces Hyksôs dont nous parlent les annales égyptiennes et qui, après tout, n'étaient peut-être pas distincts des Hébreux de Joseph ? Faut-il les identifier avec les Juifs qui, à la suite de querelles religieuses, émigrèrent de Tripolitaine vers la fin du premier siècle de notre ère dans la direction de l'Aïr et vers le début du siècle suivant dans la direction du Touat et qui n'ont pas laissé ensuite de traces réellement historiques de leur passage ? Faut-il admettre plusieurs migrations successives dont les premières remonteraient à l'époque de Moïse et de la dispersion des Hyksôs, soit à seize siècles environ avant Jésus-Christ, et les dernières seulement aux premiers siècles de l'ère chrétienne ?

Quoi qu'il en soit, et quelque nom qu'il convienne de donner à ces soi-disant « Beni-Israël », il paraît bien certain que c'étaient des Sémites à la fois pasteurs, cultivateurs et artisans, d'une civilisation assez avancée, qui ne se contentèrent pas, comme leurs congénères de Carthage et d'Abyssinie, de commercer avec les Noirs et de favoriser par rayonnement le développement de la civilisation de ceux-ci, mais qui se portèrent en groupes nombreux dans le pays des Nègres ou tout au moins à la limite septentrionale de ce pays, amenant avec eux le zébu ou bœuf à bosse et le mouton à laine, construisant au Soudan des maisons en maçonnerie et des puits cimentés par un procédé spécial, introduisant l'art de l'élevage et la culture maraîchère, contribuant dans une certaine mesure au peuplement du Sahel et du Massina et au métissage des populations noires déjà installées dans ces régions, formant peut-être le noyau de tribus pastorales qui, sous le nom de Peuls que nous leur donnons et sous celui de Foulbé qu'elles se donnent elles-mêmes, se répandirent plus tard du Sahel et du Massina jusqu'à l'Atlantique d'une part et jusqu'au delà du lac Tchad d'autre part, enfin créant dans l'Ouest de Tombouctou, à Ghâna, un État dont ils demeurèrent longtemps les maîtres et qu'il est permis de considérer comme le berceau et le modèle de ce qu'il y eut de plus perfectionné dans la civilisation des Noirs de l'Afrique.

Sans que je veuille ni que je puisse me prononcer sur le mystère qui, jusqu'à présent, entoure l'origine de ces « Beni-Israël » ou prétendus tels, le rôle qu'ils jouèrent dans l'Afrique noire, ou que, tout au moins, leur attribuent les traditions locales, me paraît trop considérable pour qu'il soit possible de le passer sous silence. Peut-être après tout est-ce à eux, plutôt qu'aux Carthaginois ou concurremment avec ces derniers. qu'il conviendrait d'attribuer l'importation dans les langues soudanaises des mots sémitiques d'origine ancienne dont j'ai parlé précédemment.

Quant aux Romains, quoi qu'on en ait dit, il semble bien que leur intervention ne se produisit pas au delà du Sahara et que leur influence fut nulle sur les Noirs de l'Afrique. Les seules relations qu'ils eurent avec ceux-ci consistèrent à en acquérir un certain nombre comme esclaves, mais ils n'allèrent jamais les chercher eux-mêmes et se contentèrent de les acheter aux traitants de Carthage ou de la Numidie. Il est probable que l'expédition romaine qui poussa le plus loin dans la direction du Sud fut celle de Julius Maternus qui, sur l'ordre de l'empereur Domitien, partit en 80 après Jésus-Christ à la recherche des mines d'or du Soudan, mais ne dépassa vraisemblablement pas l'Aïr.

Les Libyens ou Berbères, descendants plus ou moins directs — et probablement très métissés — des anciens autochtones blancs de l'Afrique du Nord, vivent depuis bien des siècles au contact des Noirs les plus septentrionaux. Il n'apparaît pas cependant qu'ils aient jamais eu une influence appréciable sur le développement de la société noire, de même que l'influence des parlers libyco-berbères sur les langues soudanaises semble avoir été tout à fait négligeable, sauf peut-être en ce qui concerne le haoussa. Dans les autres langues nègres répandues à la lisière du Sahara, c'est à peine si l'on découvre une dizaine de vocables d'origine berbère : le nom du cheval parfois et celui du chameau presque toujours (encore la chose n'est-elle pas démontrée de façon certaine), le nom de l'épée droite, celui d'une espèce de galette, l'une des appellations données aux pauvres et gens de peu, et enfin le nom de la pâque et celui du péché, ces deux derniers d'ailleurs empruntés par les Berbères au latin lors de la prédominance du christianisme dans l'Afrique du Nord. Et c'est tout ou à peu près tout.

Cela n'est pas aussi surprenant qu'on pourrait le supposer à première vue. D'une part, les Berbères nomades du désert, les seuls qui aient été et qui soient encore en contact direct avec les Noirs, ne passent pas pour avoir jamais joui d'une civilisation très avancée : leur vie même ne s'y prête guère. Ensuite, l'un des caractères généraux des Berbères, ainsi que l'a fort bien montré M. Henri Basset en un livre récent [1], est d'adopter facilement la langue et certains aspects extérieurs de la civilisation et de la religion du peuple étranger qui les domine momentanément et de n'exercer aucune action visible sur ce peuple ni sur les autres populations étrangères vivant à leur contact. C'est ainsi que les Noirs de l'Afrique ont fort peu d'obligations à leurs voisins berbères, tandis qu'ils en ont de considérables vis-à-vis des Sémites, depuis l'époque lointaine où un premier courant d'influence sémitique vint se faire sentir parmi les autochtones préhistoriques de l'Afrique du Nord jusqu'au temps de l'islamisation du même pays par les Arabes et des expéditions dirigées de Mascate sur la côte du Zanguebar, en passant par les périodes des colonies phéniciennes, de la splendeur de Carthage et des immigrations israélites ou pseudo-israélites.

Mais il est temps de clore ce trop long exposé, consacré aux divers apports méditerranéens et asiatiques qui ont introduit un très important élément de civilisation chez les Noirs du Soudan et de l'Afrique Orientale, d'où il

---

1. *Essai sur la littérature des Berbères*, Alger, 1920, in-8.

s'est répandu peu à peu, en s'atténuant progressivement,
jusque dans l'Afrique du Sud. Nous allons maintenant
aborder dans un nouveau chapitre, en commençant par
cet État de Ghâna auquel il a été fait allusion plus haut,
ce que nous savons de l'histoire proprement dite des Noirs
de l'Afrique.

BIBLIOGRAPHIE

Aux ouvrages mentionnés à la fin du chapitre I, il convient
d'ajouter ici les suivants : STRABON, *Géographie* (traduction Am.
Tardieu), Paris, 1867-1894, in-8 (voir notamment le Livre XVII).
— PLINE L'ANCIEN, *Histoire naturelle* (texte latin et traduction
E. Littré), Paris, 1860, 2 vol. in-8. — JOSÈPHE, *Œuvres complètes*
(traduction Buchon), Paris, 1843, in-4. — PTOLÉMÉE, *Geographia*
(texte grec et traduction latine, édition Müller), Paris, 1883-
1901, in-8 et atlas in-fol. — A. ROSCHER, *Ptolemæus und die Han-
delstrassen in Central-Afrika*, Gotha, 1857, in-8. — L. A. J. MICHON,
Quid Libycæ geographiæ auctore Plinio Romani contulerint, Lute-
tiæ, 1859, in-8. — P. GAFFAREL, *Eudoxe de Cyzique et le périple de
l'Afrique dans l'antiquité*, Paris, 1872, in-8. — S. F. BERLIOUX,
*Doctrina Ptolemæi ab injuria recentiorum vindicata sive Nilus supe-
rior et Niger verus, hodiernus Eghirren, ab antiquis explorati*, Parisiis,
1874, in-8. — M. DUBOIS, *Examen de la géographie de Strabon*
Paris, 1891, in-8. — M. DELAFOSSE, *Sur des traces probables de
civilisation égyptienne et d'hommes de race blanche à la Côte d'Ivoire*,
dans *L'Anthropologie*, Paris, 1901. — Le même, *Haut-Sénégal-
Niger (Soudan Français)*, Paris, 1912, 3 vol. in-8 (voir notamment le 1er vol. : *Le pays, les peuples, les langues*). — STÉPHANE
GSELL, *Hérodote*, Paris, 1916, gr. in-8. — Le même, *Histoire
ancienne de l'Afrique du Nord*, Tome IV : *La civilisation carthaginoise*, Paris, 1920, in-8. — C. AUTRAN, *Phéniciens, Essai de contribution à l'histoire antique de la Méditerranée*, Le Caire, 1920,
gr. in-4.

CHAPITRE III

L'AFRIQUE NOIRE AU MOYEN AGE

L'EMPIRE DE GHANA. — LE MOUVEMENT ALMORAVIDE. — LES ROYAUMES DE DIARA ET DE SOSSO. — LES DÉBUTS DE L'EMPIRE SONGOÏ. — L'EMPIRE MANDINGUE. — LES EMPIRES MOSSI.

Nous ne savons pas à quelle époque ni par qui exactement fut fondé le royaume qui donna plus tard naissance à l'empire de Ghâna. Les traditions locales, confirmées par les ouvrages des savants de Tombouctou et des historiens arabes, nous laissent seulement entendre que cet État remontait au moins au IVe siècle de l'ère chrétienne, que ses premiers souverains appartenaient à la race blanche et que le pouvoir passa, un certain temps après l'hégire, entre les mains d'une famille de race noire appartenant au peuple des Sarakollé. Les auteurs arabes, par ailleurs, nous apprennent que l'empire de Ghâna était florissant aux IXe et Xe siècles de notre ère, que son déclin commença vers le milieu du XIe siècle sous la poussée conquérante et destructive des Almoravides, que ses débris tombèrent sous le joug des Mandingues et que sa capitale, dernier vestige de sa gloire déchue, cessa d'exister à partir du milieu du XIIIe siècle environ.

Cette capitale, dont le nom se trouve mentionné pour la

première fois, semble-t-il, dans les *Prairies d'Or* de Massoudi, lequel mourut en 956, fut visitée dans la seconde moitié du Xe siècle par le célèbre géographe arabe Ibn-Haoukal, et Bekri en donna, au siècle suivant, une description assez détaillée. Elle n'était appelée *Ghâna* que par les étrangers et notamment les Arabes, qui la firent connaître sous ce nom à l'Europe et à l'Asie. Ce n'était pas son nom, mais, comme le dit expressément Bekri et comme le confirment les traditions soudanaises, l'un des titres portés par le souverain, que l'on désignait encore sous celui de *kaya-maga* ou simplement *maga* ou *magan* (le maître) ou encore sous celui de *tounka* (le prince). La ville elle-même était connue des habitants sous le nom de *Koumbi* ou *Koumbi-Koumbi* (la butte ou les tumulus), par lequel on désigne encore aujourd'hui son emplacement. Celui-ci se trouve entre Goumbou et Oualata, à une centaine de kilomètres environ au Nord-Nord-Est de la première de ces localités, dans une région du Hodh que les Maures nomment *Aouker* ou *Aoukar* (terme géographique d'ailleurs commun à beaucoup de régions sub-sahariennes), les Mandingues et les Bambara *Bagana* ou *Mara*, les Khassonké *Bakhounou* et les Sarakollé *Ouagadou* [1], et qui s'étend d'une façon générale au Nord et au Nord-Est de Goumbou.

L'explorateur Bonnel de Mézières, qui a visité et fouillé cet emplacement en 1914, y a retrouvé les vestiges d'une grande cité correspondant très exactement à celle décrite par Bekri, avec des ruines de constructions en pierres taillées et parfois sculptées.

La contrée où s'élevait Ghâna ou Koumbi est actuelle-

---

1. Le mot *mara* désigne une région sans cours d'eau permanents mais pourvue de mares ; le mot mandingue *baga-na*, qui devient *hakhou-nou* dans certains dialectes, et le mot sarakollé *ouaga-dou* ont tous les deux la signification de « pays des troupeaux · région d'élevage ».

ment très aride. Il y pleut à la vérité tous les ans, mais on n'y trouve pas de rivières et, sauf en quelques points où existent des mares ou des nappes d'eau souterraines peu profondes, la végétation, quoique assez touffue çà et là, se réduit à de maigres pâturages et à des gommiers et autres arbustes épineux. La région ne renferme aucun village et n'est parcourue que par des Maures nomades et des chasseurs de la tribu des Némadi ou Nimadi. Mais les traces très nombreuses et très étendues d'anciennes habitations et de sépultures que l'on relève à chaque instant montrent que le pays était autrefois peuplé, en partie tout au moins, de sédentaires et laissent supposer qu'il était mieux arrosé qu'aujourd'hui et plus propre à la culture. Au reste, Bekri parle de champs vastes et prospères qui s'étendaient à l'Est de Ghâna et les traditions locales sont unanimes à attribuer le déclin du royaume et la dispersion de ses habitants au dessèchement du Ouagadou et à la famine qui en fut la conséquence. Il est probable que ces circonstances eurent en effet beaucoup plus d'influence sur la fin de l'empire de Ghâna que les pillages successifs dont la ville fut l'objet de la part des Almoravides en 1076, du roi de Sosso, Soumangourou Kannté, en 1203 et enfin du roi du Manding, Soundiata Keïta, vers 1240. Une ville populeuse et un État florissant survivent au pillage et à la défaite, mais ne résistent pas au manque d'eau et de nourriture.

Le Bagana ou Ouagadou et la plupart des districts sub-sahariens que nous englobons aujourd'hui sous les noms de Hodh dans l'Est et de Mauritanie dans l'Ouest devaient, à l'époque lointaine où ils se prêtaient à la culture et à la vie sédentaire, être habités par des Noirs, plus ou moins métissés de Négrilles et d'autochtones blancs nord-africains. Ces Noirs formaient un ensemble, assez disparate peut-être par certains côtés, que les traditions maures désignent généralement par le terme de *Bafour* et d'où sont sans doute sortis depuis, par ramification, les Songoï ou Songaï vers l'Est, les Sérères vers l'Ouest et, vers le Centre, un grand peuple appelé *Gangara* (*Gangari* au singulier) par les Maures, *Ouangara* par les auteurs arabes et les écrivains de Tombouctou, et comprenant de nos jours, comme fractions principales, les Mandingues proprement dits ou Malinké, les Bambara et les Dioula.

C'est dans cette région et parmi ces *Bafour*, déjà ramifiés sans doute, que se fixèrent vraisemblablement les immigrants de race sémitique dont il a été question au chapitre précédent, lesquels passent pour avoir colonisé notamment le Massina et le Ouagadou et avoir fondé le royaume et la ville de Ghâna. Ces immigrants comprenaient probablement, comme nous l'avons vu, à la fois des cultivateurs et des pasteurs. Quelque considérable qu'ait pu être leur nombre, il était certainement très inférieur à celui des Nègres au milieu desquels ils s'installèrent et sur lesquels ils établirent leur domination. Il dut y avoir, dès le début, quantité d'unions entre Blancs et Noirs et de ces unions naquirent, semble-t-il, deux très importantes populations, dont chacune devait jouer par la suite un rôle de premier ordre dans l'histoire du Soudan occidental et central et dans le développement de sa civilisation.

A Ghâna même, dans le Ouagadou, dans le Massina et ailleurs encore, l'union des Sémites en majorité sédentaires avec des Ouangara notablement plus nombreux que les premiers engendra probablement le peuple qui se donne lui-même le nom de *Sarakollé*, c'est-à-dire « hommes blancs », en souvenir de l'une de ses ascendances, que plusieurs tribus soudanaises appellent *Soninké* et les Maures *Assoua-nik*, que les Bambara dénomment *Mara-ka* ou *Mar'-ka* (gens du Mara ou Ouagadou) et que les auteurs arabes et les Songoï de Tombouctou désignent par le terme de *Ouakoré*. Ce peuple parla une langue très voisine de celle des Ouangara ; elle devint la langue usuelle de Ghâna et est encore aujourd'hui celle des Sarakollé du Sahel et du Sénégal, des habitants sédentaires de race noire dits Azer ou Ahl-Massîne (gens du Massina) de certaines oasis telles que Tichit et enfin de quelques tribus qui ont adopté les habitudes errantes des Maures leurs voisins ou conservé celles de leurs ancêtres blancs nomades, telles que celles des pasteurs Guirganké et, croit-on, des chasseurs Némadi.

A l'Ouest de Ghâna, dans la région de pâturages du Termès, le mélange de Sémites nomades avec des Sérères et surtout la longue cohabitation de ces Sémites au milieu des Sérères durent donner naissance au peuple des Peuls ou *Foulbé*, qui parla une langue assez voisine de celle des Sérères et qui, plus tard, essaima vers le Massina et, de l'autre côté, vers le Tagant et le Fouta-Toro, pour envoyer ensuite quelques-unes de ses fractions au Sud-Ouest dans le Fouta-Diallon, à l'Est et au Sud-Est dans la boucle du Niger, le Haoussa, l'Adamaoua et les pays voisins du Tchad.

Cependant, à Ghâna même, après une succession de princes de race blanche qui, d'après le *Tarikh es-Soudân*, auraient été au nombre de 44, dont 22 avant l'hégire et 22 après, mais dont le dernier, au dire du *Tarikh el-fettâch*, aurait été contemporain de Mahomet, le pouvoir passa à la dynastie sarakollé des Sissé qui, peut-être, comme le prétendent ses descendants actuels, était apparentée à la dynastie de race blanche et ne constituait, en quelque sorte, qu'une continuation de celle-ci, de plus en plus métissée de sang nègre.

Quoi qu'il en soit, c'est sous le règne de ces Sissé, que Massoudi et les autres auteurs arabes disent formellement avoir été des Noirs, que l'État de Ghâna atteignit son apogée. Au témoignage de Bekri, de Yakout et d'Ibn-Khaldoun, son pouvoir se faisait sentir dès le IXe siècle sur les Berbères Zenaga ou Sanhadja (Lemtouna, Goddala ou Djeddala, Messoufa, Lemta, etc.) qui avaient depuis peu poussé leurs avant-gardes méridionales jusque vers le Hodh et dans la Mauritanie actuelle ; Aoudaghost, capitale de ces Berbères, située sans doute au Sud-Ouest et non loin de Tichit, était vassale du roi noir de Ghâna et lui payait tribut ; une tentative d'indépendance de la part du chef des Lemtouna motiva, vers 990, une expédition du roi de Ghâna, qui s'empara d'Aoudaghost et raffermit son autorité sur les Berbères sédentaires et sur les « Zenaga voilés » du désert, ainsi que s'expriment plusieurs auteurs arabes.

Du côté du Sud, les dépendances de Ghâna s'étendaient jusqu'au delà du fleuve Sénégal et jusqu'aux mines d'or de la Falémé et du Bambouk, dont le produit alimentait le trésor des Sissé et servait à opérer de fructueux échanges avec les caravanes marocaines venues du Tafilalet et du Dara ; elles s'étendaient même jusqu'au Manding, sur le haut Niger. Vers l'Est, les limites du royaume atteignaient à peu près la région des lacs situés à l'occident de Tombouctou. Au Nord, son influence se faisait sentir en plein cœur du Sahara et sa renommée avait pénétré jusqu'au Caire et à Bagdad.

Cependant l'islamisme commença, au début du XIe siècle, à pénétrer chez les Berbères du Sahara et de la lisière du Soudan qui, jusqu'alors, semblent avoir pratiqué en majorité une religion mêlée de christianisme et de paganisme. Vers 1040, un mouvement de propagande musulmane prit naissance parmi quelques fractions de la tribu des Lemtouna, qui habitait principalement le Tagant et le district d'Aoudaghost, et de celle des Goddala ou Djeddala, qui nomadisait entre l'Adrar mauritanien et l'Atlantique et formait avec la première une sorte de confédération. D'un monastère, situé sur une île du bas Sénégal ou à proximité de son embouchure, allait sortir, pour prêcher l'islamisme et guerroyer du Soudan jusqu'à l'Espagne, la secte fameuse des Almoravides *(al-morabetine*, les « marabouts », étymologiquement « ceux qui s'enferment dans un *ribât* ou monastère »).

Sous la direction du fougueux prédicateur Abdallah ben Yassine, Berbère originaire de l'Afrique du Nord, aussi farouche réformateur religieux que guerrier infatigable, et sous le commandement nominal de Yahia ben Ibrahim, chef des Goddala, puis de Yahia ben Omar, de la tribu des Lemtouna, un mouvement se produisit qui ne devait avoir chez les Noirs que des résultats politiques éphémères mais qui en eut de très durables et de fort importants au point de vue religieux. C'est en effet aux Almoravides qu'il convient d'attribuer la conversion à l'islamisme des fractions soudanaises qui, depuis, l'ont propagé à leur tour dans une notable partie de l'Afrique : Tekrouriens ou Toucouleurs, Sarakollé, Dioula et Songoï.

Dès le milieu du XIe siècle commença une lutte âpre et sans merci entre les bandes almoravides, qui représentaient l'islam et qu'excitait le désir de secouer le joug des Nègres, et les rois sarakollé de Ghâna qui, bien qu'ayant été toujours hospitaliers à l'égard des musulmans, passaient pour être les champions du paganisme. En 1054, Aoudaghost, quoique capitale d'un royaume berbère, était attaqué, pris et pillé par Abdallah ben Yassine, sous le prétexte que cette ville payait tribut au roi de Ghâna.

En même temps, une active propagande religieuse était faite par les soins du même Abdallah parmi les Noirs qui résidaient alors sur les deux rives du Sénégal, ainsi qu'auprès des populations nigériennes. A vrai dire, elle rencontrait souvent une résistance qui, lorsqu'elle ne pouvait se manifester autrement, se traduisait par l'exode des habitants. C'est ainsi que la plupart des Sérères émigrèrent sur la rive gauche du fleuve, dans le Tekrour (qui correspondait à peu près à la province que nous appelons le Fouta-Toro), d'où un nombre considérable allèrent se grouper dans le Sine, où nous les trouvons encore aujourd'hui ; ils laissaient le champ libre aux Berbères dans ce qui est devenu depuis la Mauritanie, chassés à la fois par le désir d'échapper à la contrainte et aux exactions des Almoravides et par le souci de rechercher des terres plus fécondes et moins arides. C'est ainsi encore que, poussés par des motifs analogues, les Peuls du Termès et du Tagant commencèrent à essaimer avec leurs troupeaux vers la même région du Fouta-Toro, où ils devaient, pendant bien longtemps, défendre énergiquement le paganisme contre l'emprise mahométane.

Cependant, certaines familles royales du pays noir, attirées vers la religion nouvelle par le prestige qui s'attachait à ses adeptes, se rangeaient délibérément sous la bannière de Mahomet. Tel fut le cas des princes qui détenaient alors le pouvoir au Tekrour, sous la tutelle plus ou moins lointaine des empereurs de Ghâna et qui devaient appartenir comme ces derniers à la race des Sarakollé. Ils régnaient sur un peuple vraisemblablement très composite, formé d'éléments sarakollé, mandingues, sérères et peut-être ouolofs, qui finit par adopter la langue des Peuls ses voisins et qui est connu de nous aujourd'hui sous le nom de Toucouleurs ; ce mot n'est du reste que l'altération du nom primitif de la ville et du royaume de Tekrour [1]. Un disciple d'Abdallah ben Yassine, sur lequel courent de nombreuses légendes et dont la mémoire a été transmise sous plusieurs noms différents, dont celui d'Abou-Dardaï, convertit à l'islamisme les princes et les notables du Tekrour, qui devinrent pour les Almoravides des alliés effectifs.

Un Berbère lemtouna, qui, d'après Léon l'Africain, n'était autre que le propre père de Yahia ben Omar et du fameux Aboubekr ou Boubakar, se serait rendu jusque dans le Manding et aurait réussi à enrôler dans la religion nouvelle le roi de ce pays, nommé Baramendana, auquel il aurait fait entreprendre le pèlerinage de La Mecque.

Il ne faudrait pas exagérer pourtant l'importance de ces conversions opérées chez les Noirs par les Almoravides, ni avancer, comme on l'a fait parfois, que ceux-ci gagnèrent tout le Soudan à l'islamisme. En réalité, les conversions ne semblent avoir été sérieuses et durables que chez les princes et les hauts fonctionnaires et dans leur entourage immédiat : la masse du peuple, ou bien résista à l'islamisation par l'exode, comme nous l'avons vu en ce qui concerne les Sérères et les Peuls, ou bien ne se laissa pas entamer par les efforts des prédicateurs almoravides, comme ce fut le

1. On s'accorde à situer l'emplacement de la ville de Tekrour, d'après les données des auteurs arabes du Moyen Age et d'après les traditions locales, non loin de Podor, dans la province du Fouta Sénégalais appelée Toro. Dans la suite des temps, le nom de Tekrour fut appliqué par les écrivains musulmans à l'ensemble des pays noirs se trouvant sur la lisière sud du Sahara et en grande partie islamisés ; il devint ainsi à peu près synonyme de « Soudan » et c'est avec cette acception qu'il a longtemps figuré sur nos cartes géographiques.

cas pour les Ouolofs et les Mandingues [1], ou bien n'accepta la foi nouvelle que pour l'abandonner lorsque prit fin au Soudan la puissance éphémère des disciples d'Abdallah ben Yassine. Ce n'est guère que chez les Tekrouriens ou Toucouleurs, chez les Songoï et, chose étrange, chez les Sarakollé et les Dioula issus d'eux, que l'islam pénétra largement et fortement.

Les Sarakollé, en effet, qui représentaient dans toute sa vigueur l'élément païen, finirent, contraints et forcés, par accepter après leur défaite la religion de leurs vainqueurs, mais ils devinrent ensuite les meilleurs musulmans de tout le Soudan occidental, transportant avec eux la foi musulmane dans les nombreuses régions du Sénégal, du Sahel et du Massina où ils s'établirent après la chute de Ghâna et la dispersion de ses habitants, et la passant à cette curieuse population, commerçante et entreprenante, des Dioula, qui passe pour être issue des Sarakollé de Dia ou Diakha (Massina) et de Dienné et qui, à son tour, propagea l'islamisme jusqu'à la lisière septentrionale de la grande forêt équatoriale. Dès la fin du XIe siècle, moins de cinquante ans après les premières prédications d'Abdallah et de ses missionnaires, l'islamisme avait atteint quelques points situés à moins de 400 kilomètres de la côte du Golfe de Guinée ; des Dioula musulmans, attirés dans cette région par les noix de cola qu'elle produit en abondance, avaient fondé Bégho près du coude que forme la Volta Noire à hauteur du 8º de latitude Nord, non loin du village actuel de Banda ou Fougoula (Côte d'Or anglaise). Cette ville ne devait pas tarder à devenir une très importante métropole et un centre actif de commerce et de

---

1. Bekri, après avoir raconté en détail la conversion du roi mandingue Baramendana, ajoute que la masse de ses sujets demeura païenne.

propagande islamique ; vers la fin du XIVe ou le début du XVe siècle, ses habitants se dispersèrent et allèrent s'installer plus à l'ouest, près de modestes hameaux tels que Gotogo (Bondoukou) et Kpon (Kong), situés dans notre colonie actuelle de la Côte d'Ivoire, les transformant rapidement en véritables villes, s'y enrichissant dans le commerce des colas, des bœufs, des tissus et de la poudre d'or et y introduisant des habitudes de recherche intellectuelle qui ont subsisté jusqu'à notre époque.

Mais il nous faut revenir à l'histoire de la lutte entre les Almoravides et Ghâna. Aboubekr ben Omar avait, en 1057, succédé comme chef des premiers à son frère Yahia et avait commencé la conquête du sud marocain avec l'aide d'Abdallah ben Yassine. La mort de celui-ci, survenue en 1058 ou 1059, fit d'Aboubekr le maître unique et incontesté des Almoravides. L'année suivante, laissant son cousin Youssof ben Tachfine achever la conquête du Maroc et fonder Marrakech, Aboubekr se porta du côté de l'Adrar et du Tagant, où les tribus berbères se faisaient la guerre les unes aux autres et, après avoir ramené la paix parmi elles et raffermi sa propre autorité, il donna tous ses efforts à la destruction de l'empire de Ghâna. Celui-ci cependant ne succomba qu'au bout d'une quinzaine d'années, après une résistance acharnée au cours de laquelle les troupes berbères essuyèrent plus d'une défaite. Enfin, en 1076, les Almoravides s'emparaient de la vieille cité soudanaise et passaient au fil de l'épée tous les habitants qui ne voulurent pas embrasser l'islamisme. Onze ans plus tard, en 1087, peu de temps après que la prise de Séville par Youssof ben Tachfine donnait l'Espagne aux Almoravides déjà maîtres du Maroc, Aboubekr était tué dans l'Adrar, au cours d'une nouvelle révolte de ses sujets les plus directs, et la puissance de sa secte et de sa dynastie, qui venait de s'affirmer d'une manière si éclatante dans le Nord de l'Afrique et le Sud de l'Europe, disparaissait du pays même qui avait constitué son point de départ.

Toutefois Ghâna ne devait plus retrouver sa grandeur passée. Plusieurs provinces de l'empire avait profité de la lutte entre les Sissé et les Almoravides pour s'affranchir de la tutelle du *tounka* ou *maga* suprême et étaient devenues des royaumes indépendants, dont chacun eut son propre *tounka* ou *maga*, appartenant à quelqu'une des grandes familles sarakollé chez lesquelles les souverains de Ghâna choisissaient les gouverneurs des districts éloignés de l'empire.

C'est ainsi que la dynastie sarakollé des Niakhaté avait fondé à *Diâra*, près et au Nord-Est du poste actuel de Nioro, le royaume du Kaniaga ou des *mana* ou *mana-magan*, qui ne tarda pas à se rendre maître du Tekrour et à englober à peu près tout ce qui constitue le Sahel soudanais, c'est-à-dire la majeure partie des anciennes dépendances méridionales de Ghâna. Vers 1270, la dynastie des Diawara remplaça à Diâtra celle des Niakhaté ; elle se maintint au pouvoir jusqu'en 1754, époque de la conquête du Kaniaga par les Bambara-Massassi. Dans l'intervalle, l'autorité des Diawara avait d'ailleurs perdu de sa vigueur et avait été sapée peu à peu par la puissance sans cesse croissante de l'empire mandingue, dont le Kaniaga était devenu vassal vers la fin du XIIIe siècle ou le début du XIVe, pour changer ensuite de suzerain et être incorporé, au XVIe siècle, à l'empire songoï de Gao.

Plus à l'Est, à mi-chemin environ entre Goumbou et Bamako, se trouve un village du nom de *Sosso* qui eut, lui aussi, son heure de célébrité. Le roi de Ghâna y entretenait un gouverneur pris dans la famille sarakollé des

Diarisso, lequel, vers la fin du XIᵉ siècle, fit comme le gouverneur Niakhaté de Diâra à la même époque et se rendit
indépendant. Un siècle après, vers 1180, une autre famille
sarakollé, celle des Kannté, appartenant, dit-on, à la caste
des forgerons, renversa la dynastie des Diarisso et s'installa
à sa place. Sous la direction de Soumangourou Kannté,
qui passait pour un habile général et un non moins habile
sorcier, le royaume de Sosso prit une extension considérable. En 1203, Soumangourou s'empara de Ghâna et
réduisit à l'état de vassal le descendant des anciens suze-
rains de Sosso .Cette action d'éclat a été rapportée par Ibn
Khaldoun, dont le texte, mal interprété, a fait accréditer
longtemps la légende de la destruction de Ghâna par les
Sosso ou Soussou de la Guinée, laquelle légende n'est
qu'une erreur basée sur une simple et fortuite homonymie.
Ensuite, le même prince tourna ses armes vers le Sud
contre le Manding ou Mali, qu'il annexa à peu près au
moment où des musulmans émigrés de Ghâna fondaient
Oualata ou lui insufflaient une vie nouvelle, c'est-à-dire
vers 1224. Mais cette annexion ne devait être que momentanée
et sonner le glas de la puissance et de la vie même de
Soumangourou. Bientôt, en effet, un roi jeune et actif, le
fameux Soundiata, succédait au Manding à ses frères
débiles et, vers 1235, il battait et tuait Soumangourou non
loin de Koulikoro, annexait à son tour à son État celui de
Sosso et poussait jusqu'à Ghâna, qu'il détruisait de fond
en comble en 1240.

La nécessité de suivre jusqu'au bout les destinées de
l'État de Ghâna et les résultats de l'islamisation due aux
Almoravides nous a conduits un peu loin et il nous faut
maintenant retourner de six siècles en arrière pour aborder
l'histoire de l'empire songoï ou empire de *Gao*.

Au VIIe siècle de notre ère, alors que l'un des derniers princes de race blanche régnait sur le royaume, déjà vieux, de Ghâna, un autre État se fondait sur le bief oriental du Niger, qui était appelé à exercer lui aussi, mais bien plus tard, l'hégémonie sur la majeure partie du Soudan. Des Berbères, croit-on, qui peut-être étaient chrétiens, se seraient fait reconnaître comme chefs par une petite population de pêcheurs résidant à Gounguia ou Koukia, dans l'île de Bentia ou en face de cette île, à quelque 150 kilomètres en aval de Gao. Leur dynastie, dite des *dia* ou des *za*, demeura au pouvoir de 690 à 1335. Vers l'an 1.000, ils transférèrent leur capitale de Gounguia à Gao, fondé alors depuis plusieurs centaines d'années, et leur royaume prit le nom de Songoï ou Songaï, qui était aussi, semble-t-il, celui des habitants. Ce royaume était à cette époque strictement limité aux bords et aux îles du Niger, depuis Bamba au Nord jusqu'aux limites septentrionales du Noupé dans la direction du Sud, et à une bande de territoire située à l'Est du fleuve. C'est vers la même date que le *dia* alors régnant, Kossoï ou Kossaï, se convertit à l'islamisme.

Peu à peu, l'influence du Songoï se fit sentir jusque dans la région de Tombouctou, dont la fondation en tant que ville remonte au début du XIIe siècle, jusque dans la zone des lacs et des inondations du Niger et même jusqu'à Oualata.

Cependant, un puissant rival s'était levé dans l'Ouest, sur le bief occidental du Niger : l'empire du Manding ou Mali. En 1325, les troupes de l'empereur mandingue Gongo-Moussa ou Kankan-Moussa s'emparent de Gao et le Songoï devient vassal du Manding. Dix ans plus tard, la dynastie des *dia* est remplacée par celle des *sonni, soun, san* ou *chi*, qui appartenait d'ailleurs à la même famille, et dont le premier acte fut de rompre les liens de vassalité qui attachaient le Songoï au Manding ; toutefois Tombouctou et Oualata demeurèrent au pouvoir de ce dernier État, ainsi que la région des lacs, le Massina et Dienné. Un siècle après, en 1433, le chef touareg Akil parvint à chasser la garnison mandingue de Tombouctou et à se rendre maître de cette ville ; puis, le 30 janvier 1468, le *sonni* Ali, dit le Grand, s'emparait de la fameuse cité sur les Touareg et, vers 1473, il se rendait maître de Dienné et du Massina, après avoir annexé à son royaume la région des lacs et Oualata, donnant ainsi pour la première fois au Songoï une extension qui en faisait un concurrent redoutable pour le Manding.

Cependant, tandis qu'Ali, grisé par ses conquêtes, passait son temps en débauches et en persécutions contre les musulmans, — musulman lui-même, il a laissé parmi ses coreligionnaires la réputation d'un impie — le roi des Mossi du Yatenga vint ravager le Massina (1477) et s'avança jusqu'à Oualata qu'il pilla (1480). Cette incursion hardie à travers son royaume fit réfléchir le *sonni* Ali, qui ne trouva rien de mieux, pour pouvoir à l'avenir secourir rapidement Oualata, que de relier cette ville à Tombouctou par un canal partant de Ras-el-ma et devant mesurer près de 250 kilomètres de long. Pendant qu'il commençait à le faire creuser, on lui annonça que les Mossi du Yatenga avaient de nouveau envahi ses États ; il marcha aussitôt contre eux et parvint à leur faire rebrousser chemin, mais, au cours de l'expédition, il se noya en traversant un torrent, le 6 novembre 1492.

Laissons là l'histoire du Songoï, que nous reprendrons aux chapitres suivants, et voyons ce qui s'était passé du

VIIe au XVe siècles sur le haut Niger et à l'intérieur de la boucle du fleuve.

Sur la rive gauche du haut Niger, à peu près à mi-chemin entre Siguiri et Bamako, se trouve le village de *Kangaba*, appelé aussi *Dioliba* ou *Diéliba*, du nom du grand fleuve sur les bords duquel il est situé[1]. Ce village sert de résidence habituelle au chef d'une famille mandingue ou malinké, du groupe des Keïta, qui y exerce le pouvoir depuis plus de treize siècles, avec une seule interruption de quinze ans de 1285 à 1300, et qui est vraisemblablement la plus ancienne dynastie du monde encore en exercice. Seulement, après avoir été successivement un simple chef de canton, puis le maître d'un royaume et enfin celui d'un véritable empire, le *mansa* de Kangaba a redescendu ensuite la courbe, redevenant un modeste roi ou chef de province, pour n'être plus aujourd'hui que l'humble chef de canton qu'était, vers le début du VIIe siècle, le plus lointain de ses ancêtres.

Cependant ce petit village du haut Niger fut, pendant plusieurs centaines d'années, la principale capitale du plus vaste empire qu'ait connu l'Afrique noire et de l'un des plus considérables qui aient existé dans l'univers, l'empire du *Manding* ou *Mandé* ou, pour employer le nom que nous ont légué les historiens et géographes arabes

---

1. Le mot *dioli-ba* · dialecte malinké et *diéli-ba* en dialecte bambara signifie « fleuve du sang ». Ce nom a été donné au Niger en raison des sacrifices sanglants qui s'accomplissaient et s'accomplissent encore sur ses rives ou sur ses eaux mêmes, en divers endroits de son parcours, à l'occasion de certaines fêtes saisonnières. C'est à tort que l'on a proposé et fait accepter comme étymologie de ce nom « fleuve du griot » ou « fleuve des griots », qui se dirait *diéli-ba* — et non *diéli-ba* — dans tous les dialectes et ne pourrait jamais donner lieu à la leçon *dioli-ba*. Le sang est dit *dioli* ou *dioull* en malinké, *diéli* en bambara, *diouri*, *diori* ou *diéri* en dioula, et le nom du Niger est effectivement *dioli-ba* ou *diouli-ba* dans le premier de ces dialectes, *diéli-ba* dans le second, *diouri-ba* ou *diéri-ba* dans le troisième.

et qui n'est autre que la forme peule du mot « Mandé »,
l'empire du *Mali* ou *Melli*.

Le Manding ou Mandé est proprement la province dont
Kangaba est le chef-lieu et dans laquelle se trouvent les
mines d'or réputées du Bouré ou Bouté, le *Bitou* des auteurs
arabes. Ses habitants portent, selon le dialecte, l'un des
noms de *Mandenga, Mandinga* ou *Mandingo*, dont nous
avons fait « Manding » comme nom de pays et « Mandingue »
comme nom de peuple, et sont appelés par les Peuls *Malinké*, forme que nous avons adoptée communément pour
désigner les Mandingues proprement dits et leur dialecte,
réservant l'appellation de « Mandingues » ou « Mandé »
à l'ensemble de la population dite Ouangara par les Arabes.

Depuis plusieurs siècles, les *mansa* ou rois du Manding
menaient à Kangaba une existence obscure, lorsque, aux
environs de 1050, celui qui régnait alors fut converti à
l'islamisme par un Almoravide, fit le pèlerinage de La
Mecque et commença à nouer avec les États voisins des
relations qui furent favorables à l'accroissement de sa
puissance et au développement de son pays, en même temps
qu'il cessait de se considérer comme un vassal de l'empereur
de Ghâna. Jusque-là, c'était surtout le Bambouk qui four-
nissait la poudre d'or dont le commerce enrichissait Ghâna
et entretenait des échanges actifs et continuels entre le
Soudan et l'Afrique du Nord. Les Almoravides ayant appris
à connaître le chemin du Manding et l'ayant enseigné aux
caravanes marocaines, ce fut le Bouré qui, désormais,
devint la principale source de production du métal précieux,
ce qui ne contribua pas peu à remplir le trésor du roi
du Manding et à ouvrir à son peuple des horizons nouveaux.

Plusieurs auteurs arabes nous apprennent, qu'en 1213,

un *mansa* du Manding, nommé selon les uns Moussa et selon d'autres Allakoï, se rendit en pélerinage à La Mecque. Il y retourna trois fois durant son règne, ce qui indique qu'il disposait d'une certaine fortune et ce qui ne manqua pas de grandir son prestige.

Mais les richesses du roi de Kangaba et la réputation des mines d'or du Bouré devaient exciter des convoitises. Profitant de la mollesse des successeurs immédiats de Moussa dit Allakoï, le roi de Sosso Soumangourou entreprit et réalisa, vers 1224, la conquête du Manding, qu'il annexa brutalement à son État. Cependant Soundiata Keïta, appelé aussi Maridiata, petit-fils de Moussa, résolut de rendre l'indépendance à son pays et y réussit. Après s'être procuré l'alliance des chefs mandingues qui résidaient à l'Ouest, au Sud et à l'Est de Kangaba et les avoir amenés, de gré ou de force, à lui obéir, il recruta chez eux les éléments d'une puissante armée, à la tête de laquelle il marcha contre son éphémère suzerain. Les deux princes se rencontrèrent en 1235 à Kirina, non loin de Koulikoro, près du Niger, où Soumangourou fut défait et tué. Sans perdre de temps, Soundiata continua sa marche victorieuse, entra en maître à Sosso, poussa jusqu'à Ghâna qu'il prit et détruisit (1240), surtout dans le but de faire reporter sur lui-même la renommée qui s'attachait à cette antique capitale d'un glorieux empire, et jeta ainsi les bases d'un puissant État. Il ne se contenta pas d'être un grand guerrier : les traditions disent qu'il donna tous ses soins au développement de l'agriculture, qu'il introduisit dans son pays la culture et le tissage du coton et qu'il fit régner la sécurité la plus absolue d'un bout à l'autre de son royaume. Ce prince si remarquable périt en 1255, dans sa capitale, victime d'un accident survenu au cours d'une fête publique.

Son successeur, le *mansa* Oulé, renouvela la tradition inaugurée par Baramendana et se rendit à La Mecque, tout en reportant plus loin vers l'Ouest les limites de l'empire naissant et en y incorporant le Bambouk, le Boundou et la majeure partie de la vallée de la Gambie.

De 1285 à 1300 régna un usurpateur, le seul qui soit mentionné au cours de la longue lignée des Keïta. C'était un serf nommé Sakoura. Il ne fit d'ailleurs que continuer l'œuvre de ses maîtres et prédécesseurs, poussant la conquête mandingue vers le Nord-Est dans le Massina et la province de Dienné et vers le Nord-Ouest jusqu'au bas Sénégal, disputant le Tekrour aux rois de Diâra et faisant de ceux-ci ses vassaux, engageant des négociations commerciales directes avec la Tripolitaine et le Maroc et accomplissant lui aussi le pélerinage de La Mecque, pour être assassiné au retour, près de Djibouti, par des Danakil qui en voulaient à son or. Ses compagnons firent dessécher son corps afin de le conserver et le rapportèrent par le Ouadaï jusqu'à Kouka, dans le Bornou ; le roi de ce dernier pays expédia des messagers au Manding pour informer la cour et le peuple de la nouvelle et une ambassade fut dépêchée de Kangaba à Kouka, qui ramena les restes de Sakoura ; on fit à celui-ci les honneurs de la sépulture royale des Keïta. Son peuple lui devait ce témoignage de son admiration et de sa reconnaissance.

Les Keïta réoccupèrent ensuite le trône. L'un d'eux, Gongo-Moussa ou Kankan-Moussa, qui régna de 1307 à 1332, porta à son apogée la puissance de l'empire mandingue. Vers la fin de sa vie, en 1324, il se rendit à La Mecque en grand cortège, passant par le Touat et le Caire et soulevant partout sur son passage l'intérêt et la curiosité. Il rencontra aux Lieux-Saints un Arabe d'une famille de

Grenade, nommé Ibrahim-es-Sahéli, qu'il détermina à l'accompagner au Soudan. Le retour eut lieu l'année suivante, par Ghadamès, où El-Mâmer, descendant du fondateur de la dynastie des Almohades, s'était rendu au devant du souverain noir ; à la prière de celui-ci, El-Mâmer se joignit au cortège impérial et alla avec lui jusqu'au Manding.

Avant que Gongo-Moussa ne fût parvenu au Niger, il apprit que son lieutenant Sagamandia venait, en son absence, de s'emparer de Gao (1325) ; il décida alors de se rendre dans cette ville pour y recevoir l'hommage du *dia* Assibaï, qui lui remit comme otages ses deux fils, dont l'un devait, dix ans après, revenir à Gao, y fonder la dynastie des *sonni* et secouer la tutelle du Manding. Comme El-Mâmer s'était montré choqué de la médiocrité du bâtiment — une simple hutte à toit de paille — qui servait de mosquée aux musulmans de Gao, le *mansa* pria Es-Sahéli, qui cumulait le métier d'architecte avec celui de poète, de bâtir une maison de prière plus digne du Très-Haut. Es-Sahéli construisit donc à Gao une mosquée en briques, à terrasse crénelée et à minaret pyramidal, qui aurait été, selon la tradition, le premier édifice soudanais de ce type aujourd'hui si répandu.

Gongo-Moussa se rendit ensuite à Tombouctou, qu'il annexa à son empire, en même temps que Oualata. Es-Sahéli bâtit également à Tombouctou une mosquée à terrasse et à minaret ; il y construisit aussi, pour servir de salle d'audience au souverain du Manding lorsqu'il voudrait séjourner à Tombouctou, une grande maison carrée à terrasse et à coupole qu'on appela le *mâdougou* (terre du maître) et dont on montre encore aujourd'hui l'emplacement. Ce fut l'occasion d'une importante transformation dans l'architecture soudanaise : jusque-là, au témoignage d'El-Mâmer, qui fit plus tard le récit de son voyage à son ami Ibn Khaldoun, on ne connaissait que la hutte cylindrique à toiture conique en paille, encore répandue de nos jours dans presque toute l'Afrique noire ; à Ghâna même, d'après Bekri, c'était le seul type d'habitation qui eût jamais existé, en dehors des maisons en pierre du quartier royal ; à Tombouctou, à Dienné, à Kangaba, il en était de même ; le *mâdougou* et les mosquées édifiées par Es-Sahéli furent trouvés remarquables, on s'efforça de les imiter dans tous les centres soudanais et ce genre de constructions, auquel on a voulu bien à tort attribuer une origine égyptienne, ne tarda pas à se généraliser et à pénétrer même chez les populations barbares de la vallée de la Volta, où il revêtit d'ailleurs l'aspect un peu spécial d'une manière de châteaux-forts.

On raconte que Gongo-Moussa, très satisfait du travail de son architecte, lui remit en paiement 12.000 mithkals d'or d'après Ibn Khaldoun ou 40.000 mithkals d'après Ibn Batouta, c'est-à-dire 54 kilos du précieux métal selon le premier ou 180 kilos selon le second. Es-Sahéli suivit son généreux maître jusqu'à Kangaba, lui construisant en route un autre *mâdougou* à Niani, qui était à cette époque la seconde capitale de l'empire et dont on montre l'emplacement, désigné encore sous le nom de « Niani-Mâdougou », entre Niamina et Koulikoro. Ensuite l'architecte arabe retourna à Tombouctou, où il mourut en 1346.

Gongo-Moussa était mort lui-même en 1332. A cette date, l'empire mandingue occupait à peu près la même superficie que l'ensemble des territoires de l'Afrique Occidentale Française et des colonies étrangères qui y sont enclavées, à l'exception des pays du Sud couverts par la forêt dense et des régions situées au centre de la Boucle du Niger. Le maître de cet immense État noir était en relations amicales et suivies avec les plus grands potentats musulmans de l'Afrique du Nord et notamment avec le sultan mérinide du Maroc. Peu de temps avant sa mort, Gongo-Moussa avait envoyé une ambassade à Fez, pour féliciter Aboul-Hassane de la victoire qu'il venait de remporter sur Tlemcen, et le sultan de Fez en avait dépêché une en retour au Manding, où elle arriva en 1336 sous le règne du *mansa* Souleïmân (1336-1359) ; celui-ci ne voulut pas demeurer en reste de politesse et expédia de somptueux cadeaux à son confrère marocain.

C'est sous le règne de ce Souleïmân que le célèbre voyageur et géographe arabe Ibn Batouta visita le Manding, en 1352-53, depuis Oualata jusqu'à la capitale de l'empire, pour s'en retourner par Tombouctou, Gao, l'Aïr et le Touat. Il nous a laissé de son voyage une relation détaillée et apparemment véridique, dans laquelle il se plaît à constater la bonne administration de l'État, sa prospérité, la courtoisie et la discipline des fonctionnaires et gouverneurs de provinces, l'excellente situation des finances publiques, le faste et l'étiquette rigoureuse et compliquée des réceptions royales, le respect accordé aux décisions de justice et à l'autorité du souverain. On a, en lisant son récit, l'impression que l'empire mandingue était un véritable État, dont l'organisation et la civilisation se pouvaient comparer avec celles des royaumes musulmans et de bien des royaumes chrétiens de la même époque. Le grand historien Ibn Khaldoun, se trouvant à Biskra en 1353, y apprit de gens bien informés que le pouvoir du *mansa* du Mali s'étendait sur tout le Sahara, que le roi de Ouargla lui témoignait de la déférence et que l'ensemble des Touareg lui payait tribut.

Cependant Gao avait recouvré son indépendance entre la mort de Gongo-Moussa et l'avènement de Souleïmân et, un siècle plus tard environ, l'empire mandingue allait commencer à décliner sous les coups du Songoï, tout en conservant assez de puissance et de prestige pour que son souverain traitât d'égal à égal avec le roi du Portugal, alors à l'apogée de sa gloire.

A peu près vers l'époque à laquelle le *mansa* Baramendana embrassait la foi islamique, c'est-à-dire vers le milieu du XIe siècle, d'autres États noirs se créaient, en dehors de toute influence étrangère ou musulmane, dans la partie centrale de la boucle du Niger, là où la densité de la population semble avoir toujours été considérable et où elle dépasse, de nos jours, celle de toutes les autres régions du Soudan : je veux parler des États *mossi*. Il y en eut en effet deux et il y en a deux encore aujourd'hui. L'un, dont le souverain réside à Ouagadougou, fut fondé vers 1050 par un aventurier nommé Oubri ; l'autre, qui eut successivement plusieurs capitales, dont Ouahigouya, ne fut constitué définitivement que vers 1170 par un nommé Ya, en souvenir de qui il fut appelé Yatenga (la terre de Ya). Le fait que les monarques des deux royaumes portent le même titre *(morho-naba*, c'est-à-dire « chef du pays des Mossi ») et que la population principale et dominante de l'un et de l'autre est composée de Mossi les a souvent fait confondre ensemble ; cependant ces deux États ont toujours été distincts et indépendants l'un de l'autre.

Chacun d'eux mit un certain temps à se former et à atteindre son plein développement, mais il semble établi que, vers le début du XIVe siècle, ils avaient à peu près la même étendue territoriale et la même organisation qu'aujourd'hui. Chacun est constitué par plusieurs royaumes dont l'un exerce l'hégémonie sur les autres et chaque royaume est divisé en un certain nombre de provinces à la tête de chacune desquelles est placé un gouverneur ; ce dernier réside tantôt dans sa province et tantôt à la cour du roi ou *naba*.

C'est ainsi que l'empire mossi de Ouagadougou comporte quatre royaumes vassaux, en plus du royaume dépendant directement de l'empereur ou *morho-naba*. Ce dernier royaume comprend cinq provinces, dont les gouverneurs font en même temps partie du conseil impérial, l'un en qualité d'intendant, le second comme chef des eunuques, le troisième comme maître de l'infanterie, le quatrième comme maître de la cavalerie et le cinquième en qualité de gardien des sépultures royales. Ce conseil est complété par onze ministres ou grands dignitaires : le grand-maître de l'armée, le commandant de la garde impériale, le grand-prêtre de la religion locale, le maître des rites, le chef des serviteurs, l'adjoint de celui-ci, le chef des musiciens, le chef des bouchers, le chef des palefreniers, le percepteur des taxes et enfin le syndic des musulmans. Chacune de ces charges, comme celle de gouverneur, est héréditaire dans une famille donnée. Chaque gouverneur de province a, comme le *morho-naba* et comme les *naba* vassaux, sa cour de dignitaires et de ministres.

Cette organisation, qui fonctionne encore de nos jours à Ouagadougou et au Yatenga, ressemble étrangement à celle qui, d'après ce que nous ont rapporté les auteurs arabes et les écrivains de Tombouctou, existait à Ghâna, à Diâra, à Gao et au Manding, ainsi qu'à celle que l'on a pu observer naguère encore à Coumassie, à Abomey, dans certains États de l'Afrique sub-équatoriale et à celle que l'on peut étudier dans quelques petits royaumes du Sénégal,

le Djolof principalement, et d'ailleurs. Il semble qu'elle
constitue le type, peut-être plus perfectionné au Mossi
qu'autre part, de tous les États dignes de ce nom, grands
ou petits, qui se sont développés à travers toute l'Afrique
noire depuis la plus haute antiquité. Sans doute n'est-il
pas inopportun de faire à ce propos une remarque : si les
empires de Ghâna et de Gao passent pour avoir été fondés
par des Blancs, — sans que la chose d'ailleurs soit absolu-
ment certaine, — s'ils eurent plus tard à leur tête des
dynasties sarakollé (les Sissé à Ghâna, les Touré à Gao)
qui prétendent avoir eu des Blancs parmi leurs ancêtres,
si l'empire mandingue, fondé et dirigé par des Nègres de
race vraisemblablement pure, put cependant bénéficier
de quelque influence étrangère par le canal de l'islamisme,
si les royaumes des Achanti et du Dahomey, comme ceux
du Sénégal et du Congo, peuvent avoir puisé quelques
inspirations auprès des Européens, il paraît bien certain
que les empires mossi ont toujours été à l'abri de toute
ingérence comme de toute influence non nègre et l'on en
peut déduire que les institutions politiques qui les caractérisent et que l'on retrouve dans presque toute l'Afrique
noire sont d'origine indigène. Tout au plus pourrait-on
suggérer que le premier en date des États soudanais, celui
de Ghâna, ait été par la suite plus ou moins imité par ses
voisins, puis par les voisins de ceux-ci, sans que les derniers
en aient eu conscience.

Contrairement aux empires de Ghâna, du Songoï et
du Manding, les États mossi ne se distinguèrent pas par
des conquêtes territoriales étendues. Pourtant, celui du
Yatenga affirma sa puissance à plus d'une reprise : en 1333,
l'année qui suivit la mort de Gongo-Moussa, le *morho-
naba* du Yatenga faisait irruption à Tombouctou et mettait

cette ville à sac ; l'un de ses successeurs faisait en 1477 des incursions dans le Massina et le Bagana et allait piller Oualata en 1480. Plus tard, les Mossi résistèrent victorieusement aux *askia* de Gao, puis aux pachas de Tombouctou, inquiétèrent les souverains du Manding et les rois bambara de Ségou. Mais leurs expéditions lointaines ne furent que des coups de main éphémères, non suivis d'annexion. L'histoire de ces États s'est déroulée presque toute à l'intérieur de leurs frontières, mais, par contre, celles-ci ne furent jamais violées sérieusement et l'occupation française elle-même les respecta, se contentant d'imposer aux *morho-naba* de Ouagadougou et du Yatenga une sorte de protectorat.

Les empires mossi sont curieux à un autre titre encore ; ils ont, de tout temps, constitué un rempart inexpugnable contre l'extension de l'islamisme, qui n'a eu sur eux aucune emprise. Quoique comptant parmi leurs sujets un certain nombre de musulmans, tous étrangers du reste, et ayant créé pour ces musulmans un ministère spécial auprès du *morho-naba*, ils sont restés profondément attachés à la vieille religion locale et passent à bon droit pour représenter, dans son intégrité, une civilisation uniquement et proprement nègre.

Voilà, brièvement résumé, à peu près tout ce que nous savons de l'histoire de l'Afrique noire pendant le Moyen Age. Assurément, il a existé, durant cette longue période, d'autres États noirs que ceux qui viennent d'être mentionnés ; mais, ou bien ce furent des États de second ordre dont il y a peu d'intérêt à conter l'histoire dans un ouvrage d'ensemble, ou bien nous ne connaissons d'eux que leur nom et, le plus souvent, nous ignorons même ce nom. C'est ainsi que ce qu'il est possible de dire des Noirs afri-

cains antérieurement au XVe siècle se réduit àpproximati-
vement à ce qui concerne les Noirs du Soudan occidental.

Pour le reste, en dehors de quelques notions sur l'histoire
du Bornou, nous ne savons guère autre chose que ce que
nous ont raconté les auteurs arabes sur la prospérité des
colonies fondées par leurs compatriotes et des trafiquants
hindous sur la côte du Zanguebar, prospérité qui semble
avoir atteint un haut degré au Moyen Age, mais qui avait
sa source principale dans la traite des esclaves et dont
ne profita nullement la civilisation des populations africaines.

BIBLIOGRAPHIE

IBN HAOUKAL, *Description de l'Afrique* (traduction de Slane),
dans *Journal Asiatique*, Paris, 1842. — BEKRI, *Description de l'Afrique septentrionale* (traduction de Slane), Paris, 1859, in-8, et nouvelle édition, Paris, 1913, in-8. — EDRISSI, *Description de l'Afrique
et de l'Espagne* (texte arabe et traduction Dozy et de Goeje), Leyde,
1866, in-4. — YAKOUT, *Geographisches Wörterbuch* (édition arabe
de F. Wüstenfeld), Leipzig, 1866-1870, 6 vol. in-8. — GHARNATI,
Roudh el-qarthas (traduction Beaumier), Paris, 1860, in-8. —
ABOULFÉDA, *Historia anteislamica* (texte arabe et traduction latine
de Fleischer), Lipsiæ, 1831, in-4. — Le même, *Géographie* (introduction, 1re partie, traduction Reinaud), Paris, 1848, in-4 ; (2e partie
et index, traduction S. Guyard), Paris, 1883, in-4. — IBN BATOUTA,
Voyage dans le Soudan (traduction de Slane), Paris, 1843, in-8. —
IBN KHALDOUN, *Prolégomènes historiques* (traduction de Slane),
Paris, 1868, 3 vol. in-4. — Le même, *Histoire des Berbères* (traduction de Slane), Alger, 1852-1856, 4 vol. in-8. — SA'DI, *Tarikh
es-Soudân* (traduction Houdas), Paris, 1900, in-8. — MAHMOUD
KÂTI (ou Kâti), *Tarikh el-fettâch* (traduction Houdas et Delafosse), Paris, 1913, in-8. — W. D. COOLEY, *The Negroland of the*

Arabs, London, 1841, in-8. — H. BARTH, *Travels and discoveries in Northern and Central Africa*, London, 1855, 5 vol. in-8. — RENÉ BASSET, *Essai sur l'histoire et la langue de Tombouctou et des royaumes de Songhaï et Melli*, Louvain, 1889, in-8. — Dr TAUTAIN, *Légendes et traditions des Soninké relatives à l'empire de Ghanata*, dans *Bulletin de géographie historique et descriptive*, Paris, 1895. — A. LE CHATELIER, *L'islam en Afrique Occidentale*, Paris, 1899, in-8. — ADAM, *Légendes historiques du pays de Nioro*, dans *Revue Coloniale*, Paris, 1903. — LANREZAC, *Au Soudan : la légende historique*, dans *Revue indigène*, Paris, 1907. — L. MARC, *Le pays mossi*, Paris, 1908, in-8. — O. MEYNIER, *L'Afrique Noire*, Paris, 1911, in-18. — M. HARTMANN, *Kuga und Kugu*, dans *Orientalische Literaturzeitung*, Leipzig, 1911. — R. ARNAUD, *L islam et la politique musulmane française* (annexe : *La singulière légende des Soninkés)*, Paris, 1912, in-12. — M. DELAFOSSE, *Haut-Sénégal-Niger (Soudan Français)*, Paris, 1912, 3 vol. in-8 (voir notamment le 2e volume : *L'histoire)*. — Le même, *Traditions historiques et légendaires du Soudan Occidental, traduites d'un manuscrit arabe inédit*, Paris, 1913, in-12. — Le même et H. GADEN, *Chroniques du Foûta sénégalais*, Paris, 1913, in-8. — Le même, *La question de Ghâna et la mission Bonnel de Mézières*, dans *Annuaire et mémoires du Comité d'études historiques et scientifiques de l'Afrique Occidentale française*, Gorée, 1916, in-8. — L. TAUXIER, *Le Noir du Yatenga*, Paris, 1917, in-8. — A BONNEL DE MÉZIÈRES, *Recherches de l'emplacement de Ghana (fouilles à Koumbi et à Settah) et sur le site de Tekrour*, dans *Mémoires présentés par divers savants à l'Académie des Inscriptions et Belles-Lettres*, tome XIII, 1re partie Paris, 1920.

CHAPITRE IV

L'AFRIQUE OCCIDENTALE
DU XVe SIÈCLE A NOS JOURS

DOCUMENTATION PLUS ABONDANTE. — L'EMPIRE MANDINGUE ET L'EMPIRE SONGOÏ. — L'*askia* MOHAMMED. — KOLI-TENGUELLA. — LES DERNIERS *askia*. — LES PACHAS DE TOMBOUCTOU. — LES ROYAUMES BAMBARA. — LA CONQUÊTE TOUCOULEURE. — LES RANDONNÉES DE SAMORI. — LES PEUPLES DE LA CÔTE OCCIDENTALE. — LES PEUPLES DE LA BOUCLE DU NIGER.

C'est au XIVe siècle que des navigateurs européens commencèrent à visiter quelques parages des côtes de l'Afrique tropicale, mais ce n'est guère qu'à partir du siècle suivant et surtout du XVIe que des relations s'établirent entre Blancs et Noirs et que des détails un peu circonstanciés parvinrent en Europe touchant les pays nouvellement découverts et leurs habitants.

Quoi qu'il en soit, nous avons, sur l'état de l'Afrique noire postérieurement au Moyen Age, d'autres sources d'information et de plus abondantes que pour la période précédente. Ce sont d'abord les récits des premiers navigateurs, tels que Cadamosto ; puis c'est celui du voyageur arabe Léon l'Africain, dont l'ouvrage, moins documenté que les livres des géographes musulmans antérieurs, mais plus connu en raison de ses éditions italienne et française, constitua, tout au moins en ce qui concerne la Berbérie, l'Égypte, l'Éthiopie et le Soudan, la base des nombreuses descriptions de l'Afrique publiées aux XVIe et XVIIe siècles, de Marmol à Dapper ; ensuite ce sont les souvenirs ou les journaux de route des nombreux voyageurs portugais, français, anglais, hollandais, italiens, etc., qui parcoururent toutes les régions de l'Afrique, s'enfonçant de plus en plus vers l'intérieur et nous renseignant enfin sur les contrées équatoriales et méridionales que les auteurs arabes avaient ignorées. Il convient d'ajouter que les traditions orales et les chroniques locales sont d'autant plus riches en détails qu'elles racontent des faits plus récents.

Mettant à profit toute cette documentation accumulée durant cinq siècles, je voudrais essayer d'esquisser un tableau sommaire de l'histoire des principaux peuples noirs de l'Afrique à partir du XVe siècle. L'immensité des domaines où se déroula cette histoire m'empêchera d'employer d'une façon rigide la méthode synchronique et me forcera à revenir en arrière chaque fois que j'aurai à passer d'une région à une autre. Allant de l'Ouest à l'Est et du Nord au Sud, je commencerai par l'Afrique occidentale pour continuer par le Soudan central et oriental et terminer par l'Afrique sub-équatoriale.

Dans le Soudan occidental, deux grands empires se partageaient la suprématie au début du XVe siècle : l'un, celui du Manding, allait voir se terminer la période de son apogée, tandis que l'autre, celui du Songoï, était à la veille de l'atteindre.

Le premier exerçait encore, tantôt son autorité directe, tantôt seulement son influence, sur l'ensemble des pays compris entre le Sahara au Nord, la grande forêt au Sud, l'Atlantique à l'Ouest et le 5° de longitude occidentale à l'Est. Le second étendait son pouvoir, avec les mêmes alternatives, depuis ce méridien à l'Ouest jusqu'au 2° de longitude orientale à l'Est et depuis le Sahara au Nord jusqu'à une ligne allant approximativement de Hombori à Karimama sur le bas Niger au Sud.

Au delà de cette ligne, et jusqu'à proximité de la zone côtière, était le domaine des deux empires mossi du Yatenga et de Ouagadougou et, plus à l'Est, des royaumes du Gourma (ou des Gourmantché) et du Bergo ou Borgou (ou des Berba ou Bariba), dont la fondation remontait à peu près à la même époque que celle des États mossi et qui possédaient une organisation similaire, mais qui avaient eu une destinée plus modeste quoique non négligeable.

Sans doute, le premier prince *sonni* du Songoï, Ali-Kolen (ou Ali-Kolon ou Ali-Golom), avait secoué en partie la tutelle du Manding en 1335. Cependant l'armée de l'empereur mandingue Moussa II, qui avait succédé en 1374 à Mari-Diata II, mort de la maladie du sommeil, était allée guerroyer jusque dans l'Est de Gao et avait même poussé l'audace jusqu'à s'attaquer à Omar ben Idris, sultan du Bornou, ce qui indique que l'empire mandingue jouissait encore alors d'une certaine force. Ibn Khaldoun, qui acheva d'écrire son *Histoire des Berbères* vers 1395, dit que, de son temps le Tekrour était vassal du prince du Mali Magan-Mamoudou et que les « Zenaga voilés du désert » lui payaient tribut et lui fournissaient des contingents militaires. Une cinquantaine d'années plus tard, des Ouolofs affirmaient au Portugais Diego Gomez que tout les pays qu'ils connaissaient appartenaient au *mansa* du Manding. Cadamosto, en 1455, confirme que le pouvoir de ce dernier s'étendait jusqu'à la basse Gambie au milieu du XVᵉ siècle.

Cependant, en 1435, le chef touareg Akil s'était emparé d'Araouân, de Tombouctou et de Oualata. Un peu plus tard, l'empereur de Gao Ali-le-Grand, après avoir enlevé Tombouctou aux Touareg en 1468, entrait en vainqueur à Dienné vers 1473 et enlevait à l'autorité du *mansa* une bonne partie du Massina, où des Peuls venus du Termès, obéissant à un chef de . famille Diallo, s'étaient installés vers le début du XVᵉ ..cle avec l'autorisation du gouverneur mandingue du Bagana.

C'est peu après qu'eut lieu, par l'intermédiaire des officiers portugais du Rio de Cantor (Gambie) et d'Elmina (Côte d'Or), un échange de présents, de messages et d'ambassades entre l'empereur du Manding, qui s'appelait alors Mahmoud ou Mamoudou d'après Joao de Barros, et le roi du Portugal Jean II, lequel était monté sur le trône en 1481 et y demeura jusqu'en 1495.

A la même époque, en 1493, la dynastie des *sonni* fut renversée à Gao par un général sarakollé, Mamadou ou Mohammed Touré, de la fraction des Silla, qui se fit investir de la souveraineté avec le titre d'*askia* et fut le premier prince d'une nouvelle dynastie qui devait durer un siècle.

L'*askia* Mohammed régna de 1493 à 1529. Il fut un monarque de tous points remarquable, sut rendre ses États prospères et y développer une civilisation qui fit l'admiration de Léon l'Africain, lequel visita le Songoï sous son règne, vers 1507. A vrai dire, il fut fort bien secondé par ses ministres et ses gouverneurs de province, notamment par son frère Amar ou Omar, dont il avait fait son *kanfâri*, c'est-à-dire son principal lieutenant ; mais c'est

Tropique du Cancer
SAHARA
ADRAR
Tegazza
Taodenit
MAURITANIE
(Aoudaghost)
TAGANT
Fichat
KOUNTA
OUDJIDDEN
OUAR
G
AÏR
Agadès
Podor (Tekrour)
Koumbi (Ghana)
BAGANA
Timbouctou
GOBER
OUALO
FOUTA TORO
Matam
TERMES
OUAGANA
Gao
Bentia (Gounguia)
DJILOF
SARAKOLLÉ
Diara
KANIAGA
Hombori
Tonaibi
HAOUSSA
CAYOR
Rakel
KAARTA
Nioro
Goumbou
LIPTAKO
Sokoto
Katsena
Dakar
RAOL
Médine
BAMBARA
Sosso
Bandiagara
KEBBI
Zanfara
Kano
SINE
Gambie
BOUNDOU
Sénégal
Niamina
Segou
SandjAbri
Karimama
Zaria
Rio de Canor
DIOLA
Kita
BELEDOUGOU
YATENGA
BORNOU
RADIAR
MANDING
Bamako
MOSSI
Ouagadougou
GOURMA
BERGO
GUINÉE PORTUGAISE
BALANTES
BOURÉ
Kangaba
Koulikoro
NOUPÉ
TIAPI
FOUTA-DJALON
Siguiri
GOUROUNSI
IBO
BAGA
Dinguiray
OUASSOULOU
DAGOMBA
Bénoué
GUINÉE FRANÇAISE
SOUSSOU
KISSI
Koroko
Douala
TIMNÉ
LO
DAHOMEY
YOROUBA
Sierra Leone
MENDE
GOLA
St Paul
GUETTE
Assafoundi
Abomey
Abéokuta
EDO
Koullinia
Vaï
DAN
BAOL
FON
Lagos
Bénin
Cap-Mount
Monrovia
KROUMEN
Guanasie
TOGO
LIBÉRIA
ASSANTI
FANTI
Côte des Graines
Côte d'Ivoire
Côte d'Or
Côte de Guinée
Libreville
Équateur

2. — CARTE DE
L'AFRIQUE OCCIDENTALE
pour suivre les chapitres III et IV
et les parties des chapitres VII à X relatives
à des populations de l'Afrique occident.^le
Nota: Les noms entre parenthèses sont
ceux de localités aujourd'hui disparues.

OCÉAN ATLANTIQUE

précisément au choix qu'ils savent faire d'excellents collaborateurs que l'on reconnaît les grands rois. Renonçant au système des levées en masse qu'avait pratiqué le *sonni* Ali-le-Grand et qui empêchait les paysans de se livrer aux travaux des champs, il recruta une armée de métier parmi des esclaves et des prisonniers de guerre, ce qui lui permit de laisser les cultivateurs sur leurs terres toute l'année, les artisans à leurs métiers et les commerçants à leurs affaires. Témoignant d'un grand respect pour les personnages religieux et les savants, il fit de Gao, de Oualata et surtout de Tombouctou et de Dienné des centres intellectuels qui jetèrent un vif éclat et où des docteurs et des écrivains renommés du Maghreb ne dédaignèrent pas de venir compléter leurs études et parfois de se fixer définitivement, comme le fit plus tard le célèbre Ahmed-Bâba. Des jurisconsultes de valeur, comme les El-Akît et les Bagayogo, les premiers de race blanche, les seconds de race noire, se formèrent aux écoles de Tombouctou et toute une littérature s'y développa, aux XVIe et XVIIe siècles, dont les produits nous sont révélés peu à peu par la découverte d'ouvrages fort intéressants, rédigés en arabe à cette époque par des Noirs sarakollé ou songoï, tels que le *Tarikh el-fettâch* et le *Tarikh es-Soudân*.

L'*askia* Mohammed fut en relations suivies avec le réformateur marocain Merhili, qui correspondait avec lui sur des sujets de religion et de politique et qui vint lui rendre visite à Gao en 1502. Ce prince avait accompli le pélerinage de La Mecque en 1497 et avait mis à profit son voyage pour s'entretenir longuement avec Soyouti et d'autres célèbres docteurs musulmans ; il avait consacré une somme de 100.000 dinars d'or à des aumônes pieuses et à l'achat d'un terrain où il fit bâtir une hôtellerie pour les pélerins soudanais ; enfin, il mit le comble à sa gloire en recevant du grand chérif de La Mecque, alors Moulaï El-Abbâs, l'investiture de khalife « pour les pays du Tekrour », c'est-à-dire pour le Soudan. Le chérif alla même jusqu'à envoyer à Gao l'un de ses neveux, Moulaï Es-Sekli, originaire de Bagdad, en qualité d'ambassadeur du royaume du Hedjaz auprès de l'*askia*.

Cependant l'empire de Gao prenait une extension territoriale considérable, aux dépens surtout de l'empire mandingue. Dès 1494, Amar, frère de Mohammed, avait annexé au Songoï la totalité du Massina, y compris le royaume peul des Diallo. En 1499, après être revenu de La Mecque et avoir tenté sans succès la conquête du Yatenga, l'*askia* en personne s'empara du Bagana ; en 1501, il conquérait une partie du royaume de Diâra et, en 1508, il poussait jusqu'au Galam, c'est-à-dire au pays de Bakel, sur le Sénégal.

Vers cette époque, le chef peul Tenguella, qualifié du titre d'*ardo* par ses compatriotes et de celui de *silatigui* ou *siratigui* par les Mandingues, nomadisait du Termès au Kingui (province de Diâra et de Nioro). Soutenu vraisemblablement par l'empereur du Manding, il prêcha la révolte contre l'*askia* et fit la guerre au roi de Diâra parce que celui-ci avait accepté la suzeraineté du Songoï. L'armée de l'*askia*, commandée par son frère Amar, marcha contre Tenguella et le poursuivit jusqu'à Diâra, où elle le défit et le tua en 1512. Les bandes du chef peul se reformèrent sous le commandement de son fils Koli, qui descendait, dit-on, par sa mère des empereurs mandingues, et se réfugièrent dans le Badiar, au Nord-Ouest du Fouta-Diallon.

C'est de là que Koli, à la tête de ses Peuls et de nombreux partisans mandingues, devait partir un peu plus tard pour aller faire la conquête du Fouta-Toro sur les derniers gouverneurs sarakollé dépendant de Diâra, y fonder un royaume qu'il agrandit aux dépens du Kaniaga et de la partie orientale du Djolof et y installer une dynastie peule et païenne, dite des *Dénianké*, qui conserva le pouvoir de 1559 à 1776. Les princes de cette dynastie portaient, comme leur ancêtre Tenguella, le titre de *silatigui* ou *siratigui*, devenu « siratique » dans les relations des voyageurs français et *satigui* dans la langue du pays. Le *mansa* qui régnait alors au Manding, Mamoudou II, avait imploré l'aide du roi Jean III de Portugal contre les empiètements de Koli-Tenguella sur ce qu'il considérait encore comme une partie de ses États ; mais Jean III s'était contenté d'envoyer à Mamoudou II, en 1534, au lieu d'une armée, un simple ambassadeur nommé Peros Fernandez.

Ayant dépouillé le Manding de la plupart de ses dépendances septentrionales, l'*askia* Mohammed voulut poursuivre ses conquêtes vers l'Est et pénétra dans le pays haoussa, mais, là, il fut moins heureux. D'abord, avec l'aide du *kanta* ou roi du Kebbi, il s'empara de Katséna (1513) et imposa sa suzeraineté au roi d'Agadès (1515), mais il fut ensuite défait par son allié le *kanta*, devenu son ennemi (1517), qui mit la main sur la majeure partie des provinces haoussa. Un siècle plus tard environ, celles-ci devaient recouvrer leur indépendance et l'Aïr ou province d'Agadès devait redevenir ce qu'il était auparavant, c'est-à-dire vassal des Touareg.

L'*askia* Mohammed, cependant, était devenu aveugle et, le 15 août 1529, il fut détrôné par son propre fils Moussa. Avec celui-ci commença une série de luttes intestines, de guerres civiles, de dilapidations et de débauches, de mas-

sacres odieux et d'inutiles expéditions militaires qui déso-
lèrent le Songoï et ruinèrent peu à peu le magnifique édifice
élevé par le premier *askia*. L'un des fils de ce dernier,
Daoud, qui régna de 1549 à 1583, essaya de réagir contre
les habitudes de tyrannie sanguinaire et de folles dépenses
qui s'étaient introduites depuis son frère Moussa à la
cour de Gao ; il redonna de l'essor à l'agriculture, encou-
ragea la science et l'étude, sut se ménager l'amitié du sultan
du Maroc, Ahmed Ed-Déhébi, qui porta le deuil lors de
son décès, et se rendit célèbre par ses actes de mansuétude
et de générosité. Mais les jours du Songoï étaient comptés.

Le Manding languissant n'était plus redoutable. Cet
État était tombé si bas que Daoud put, en 1545-46, avant
de monter sur le trône de Gao, pousser avec l'armée songoï
jusqu'à la capitale mandingue — nous ne savons s'il s'agis-
sait de Niani ou de Kangaba —, y entrer après avoir mis
le *mansa* en fuite, y demeurer une semaine et faire remplir
d'ordures par ses soldats la résidence impériale.

Mais c'est du Maroc qu'allait venir le coup fatal pour
l'empire de Gao. Depuis longtemps, les sultans du Maghreb
enviaient aux empereurs du Songoï la possession des
salines de Tegaza, voisines de celles, aujourd'hui en exploitation, de Taodéni, au Sud-Ouest du Touat. Dès son
avènement (1578), le sultan Ahmed Ed-Déhébi avait obtenu
de l'*askia* Daoud, moyennant 10.000 dinars d'or, le privilège
d'exploiter ces salines pour son compte pendant un an.
Le profit qu'il en retira fut tel qu'il résolut de s'en rendre
maître définitivement et, après la mort de Daoud, il envoya
à Gao, auprès du successeur de ce dernier, une ambassade
dont le but secret était de recueillir des informations sur
les forces militaires du Songoï ; en même temps, il expé-
diait dans la région de Tegaza une armée de 20.000 hommes, .

qui, d'ailleurs, fut complètement décimée par la faim et la soif. En 1585, il fit occuper les salines par 200 fusiliers qui, ne pouvant s'y nourrir, retournèrent bientôt au Maroc. Cependant il tenait à son projet et était même devenu plus ambitieux : il ne convoitait plus seulement le sel du Sahara, mais aussi l'or du Soudan, cet or dont la soi-disant conquête devait lui valoir le surnom sous lequel il est connu [1].

En 1590, il mit en marche une colonne de fantassins armés de mousquets, qui étaient en majorité, non pas des Marocains, comme on l'a cru longtemps, mais des renégats espagnols commandés par l'un d'eux, le nommé Djouder, promu pour la circonstance au rang de pacha. Ces Espagnols reçurent des habitants arabes ou arabisants de Tombouctou le surnom de *Roumât* ou *Arma* (lanceurs de projectiles, fusiliers) et ce dernier mot est encore aujourd'hui le nom porté, dans cette ville et dans la région, par les membres d'une sorte de caste noble qui, bien que devenus de véritables nègres, prétendent descendre des guerriers de Djouder.

Ceux-ci avaient quitté Marrakech le 29 octobre 1590 au nombre de 3.000. Ils n'étaient plus que mille lorsqu'ils arrivèrent, le 1er mars 1591, sur les bords du Niger, mais ils avaient des armes à feu, chose jusqu'alors inconnue au Soudan, et ils purent, grâce à leurs mousquets, triompher aisément près de Tondibi, entre Bourem et Gao, le 12 mars 1591, de l'imposante armée de l'*askia* Issihak ou Ishak II. Cette dernière comptait pourtant 30.000 fantassins et 12.500 cavaliers d'après le *Tarikh es-Soudân* ou seulement 9.700 fantassins et 18.000 cavaliers d'après le *Tarikh el-fettâch*, mais elle n'avait à opposer aux balles

1. Ed-déhébi signifie en arabe « le doré » ou « le maître de l'or ».

des renégats espagnols que des épées, des javelots, des lances et des boucliers de cuir ou de paille tressée. L'*askia* avait bien pris la précaution de faire placer des vaches entre l'ennemi et ses propres troupes, de façon à couvrir celles-ci ; mais les malheureuses bêtes, affolées par les feux de mousqueterie, prirent la fuite, se précipitèrent tête baissée sur les guerriers songoï et ne contribuèrent qu'à hâter la déroute de ceux-ci, qui fut complète.

L'*askia*, abandonné par ses ministres et ses parents, se réfugia au Gourma, où il fut assassiné par les habitants. Djouder entra dans Gao sans rencontrer aucune nouvelle résistance, mais, médiocrement séduit par l'aspect de cette ville nègre et trouvant, comme il l'écrivit au sultan Ahmed, que la maison du chef des âniers de Marrakech valait mieux que le palais des *askia*, il alla s'établir à Tombouctou, où il fit son entrée le 25 avril 1591. C'en était fait de l'empire du Songoï, qu'un millier d'Espagnols armés de fusils avaient suffi à jeter à bas.

Alors commença ce que l'on a appelé très improprement la « domination marocaine au Soudan » : d'abord, il n'y eut de domination que sur une petite partie de l'ancien Songoï, sur la région riveraine du Niger allant de Dienné à Gao, toute la région dite Dendi, située en aval, ayant conservé son autonomie avec un *askia* indépendant à sa tête ; ensuite cette domination ne dura guère que 70 ans, au bout desquels l'autorité des pachas était devenue tout à fait nulle en dehors de la ville même de Tombouctou ; enfin elle ne peut être qualifiée de « marocaine », car, seuls, les pachas des 22 premières années (1591 à 1612) furent, en partie au moins, désignés par le sultan du Maroc ; les ordres de ce dernier ne furent jamais exécutés, même par les premiers pachas, et les impôts levés sur les habitants ne furent jamais expédiés à Marrakech ; les autres pachas, qui se succédèrent au nombre de 21 durant 48 ans (1612 à 1660), étaient portés au pouvoir soit par eux-mêmes soit par leurs soldats et étaient comme ceux-ci si peu marocains que la plupart ne comprenaient pas l'arabe et que la langue dont ils usaient entre eux était l'espagnol, ainsi que nous l'apprend la lecture du *Tarikh el-fettâch*, pour devenir ensuite le songoï.

Le *mansa* Mamoudou III voulut, en 1599, profiter de l'anarchie qui régnait depuis la défaite de l'*askia* Issihak II et tenta, avec l'aide de Hamadou-Amina, chef des Peuls du Massina, de s'emparer de Dienné. Le pacha Ammar envoya ses fusiliers contre lui. Les Mandingues et les Peuls résistèrent bravement au feu des Arma, mais l'intervention des habitants de Dienné, qui prirent parti contre Mamoudou, obligea celui-ci et ses alliés à battre en retraite. Toutefois, cette démonstration de l'empereur mandingue suffit à déterminer les pachas à le respecter désormais.

En réalité, les conquérants amenés au Soudan par Djouder et ses premiers successeurs formaient un ramassis de gens sans aveu qui, après être allés se mettre aux ordres du sultan du Maroc en reniant leur foi et leur patrie, dans l'espoir d'aventures profitables, donnèrent, une fois abandonnés à eux-mêmes dans le Soudan, libre cours à leurs instincts. Ils se signalèrent surtout par leur anarchie et leur indiscipline, leurs rapines, leur cupidité, leurs débauches, leurs persécutions contre les musulmans et les lettrés et leur talent de désorganisation. L'intervention de ce rebut de l'Europe causa l'un des coups les plus funestes qui aient été portés à la civilisation soudanaise. De l'aveu des meilleurs musulmans de Tombouctou, le régime des pachas, s'il avait duré plus longtemps, aurait amené la

ruine totale de ce qui avait été péniblement édifié par les
mansa du Manding et quelques-uns des *askia* de Gao.

A partir de 1660, il ne sévissait plus guère qu'à Tombouctou même, qui eut à subir encore pendant 120 ans les
caprices de ces métis d'Espagnols et de Nègres. Le *Tedzkiret en-nisiân* énumère 128 de ces prétendus pachas pour
la période de 90 ans allant de 1660 à 1750 : ces chiffres
caractérisent éloquemment le régime. Depuis 1660 environ,
tous ces tyranneaux, qui avaient l'audace de faire dire la
prière publique en leur nom dans les mosquées, ne con-
servaient un semblant d'autorité qu'à condition de payer
tribut au roi bambara de Ségou, qui faisait la loi au Sud,
ou de verser de lourdes contributions aux Touareg Oul-
midden, qui la faisaient au Nord et ne se privaient pas de
piller Tombouctou chaque fois que la faim les pressait.
A partir de 1780, le titre même de pacha disparut et il n'y
eut plus à Tombouctou qu'une sorte de maire, choisi
parmi les Arma tantôt par les Bambara, tantôt par les
Touareg, tantôt par les Peuls du Massina, selon que les
uns ou les autres étaient les maîtres du jour. Ce fut pour
la ville une période de continuelle insécurité et de profonde
misère qui ne devait prendre fin qu'un peu plus d'un
siècle plus tard, en 1894, avec l'occupation de la vieille
cité soudanaise par le commandant Joffre, aujourd'hui
maréchal de France.

Je viens de parler des Bambara comme exerçant l'autorité
au Sud de Tombouctou à dater de 1660 environ. En effet
ce peuple, qui est un rameau du tronc ouangara, répandu
des deux côtés du Niger depuis Bamako jusqu'à la région
de Dienné et du Massina, et qui avait été d'abord sujet
du Manding pour devenir, au moins en partie, vassal du
Songoï dès l'époque du *sonni* Ali-le-Grand et surtout de

6. DELAFOSSE.

l'*askia* Mohammed, s'était rendu indépendant vers le milieu du XVIIe siècle et avait formé alors deux États. L'un avait sa capitale à Ségou et s'étendait le long du Niger, entre ce fleuve et le Bani ; l'autre, dit du Kaarta, avait son domaine à l'Ouest du premier, au Nord du haut Sénégal. L'un et l'autre étaient gouvernés au début par des princes de la même famille, celle des Kouloubali, la fraction occidentale portant le nom de Kouloubali-Massassi.

Vers 1660, le roi Biton Kouloubali venait de s'installer à Ségou. Le *mansa* du Manding, qui était alors Mama-Magan, voulut détruire dans son nid ce voisin qu'il devinait dangereux et, vers 1667, il vint mettre le siège devant la forteresse qu'avait élevée Biton. Le siège durait encore en 1670 et Mama-Magan, désespérant d'en venir à bout, se retira en suivant la rive droite du Niger ; Biton le poursuivit jusqu'à la hauteur de Niani, l'accula au fleuve et le força à conclure un traité aux termes duquel le souverain mandingue s'engageait à ne pas s'avancer dorénavant en aval de Niamina, Biton promettant de son côté de ne pas se porter en amont de ce point. Cet événement marqua la fin de l'empire mandingue, qui, réduit désormais aux provinces malinké du haut Niger et de la haute Gambie, cessa de compter parmi les États puissants de l'Afrique noire.

Biton s'était constitué une armée de métier à l'image de celle des *askia*, au moyen de *ton-dion* ou esclaves du gouvernement, et une flottille d'État, en utilisant les pêcheurs dits Somono et leurs embarcations. Il assit solidement son autorité sur tous les pays compris entre Niamina et Dienné, s'empara du Bagana et imposa sa suzeraineté au Massina et à Tombouctou. Il mourut du tétanos en 1710, à la suite d'un accident, et avec lui finit sa dynastie.

Son armée en effet massacra ses enfants et ses parents et s'empara du pouvoir ; mais elle se divisa en clans dont les uns soutenaient le chef de l'infanterie et les autres le maître de la cavalerie, jusqu'à ce qu'un serviteur de l'ancienne famille royale, nommé Ngolo ou Molo Diâra, réussît à se faire proclamer roi et fonda une nouvelle dynastie (1750). L'un de ses successeurs, Monson (1792-1808), se rendit surtout célèbre par la guerre qu'il fit à ses congénères les Bambara du Kaarta et par une expédition punitive qu'il conduisit en 1803 à Tombouctou, à la suite du refus de cette ville de payer à Ségou son tribut annuel.

Ce fut sous son successeur Da que le Massina s'affranchit de la suzeraineté bambara pour constituer un royaume indépendant sous le commandement du marabout peul Sékou-Hamadou, de la famille des Bari ou Sangaré (1810). Ce dernier s'empara de Dienné, se construisit une capitale à Hamdallahi, sur la rive droite du Bani, et organisa sagement l'administration et les finances de son royaume. Il convertit à l'islamisme les Peuls qui jusqu'alors avaient obéi à l'*ardo* de la famille Diallo et réussit à substituer à Tombouctou sa propre influence à celle du roi bambara de Ségou. En fait, il s'était emparé de Tombouctou en 1826 ou 1827, mais ses compatriotes y étaient détestés et la garnison peule qu'il y avait installée ne put y rester. Il ne devait avoir que deux successeurs : son fils Hamadou-Sékou et son petit-fils Hamadou-Hamadou, lequel fut vaincu et mis à mort en 1862 par le conquérant toucouleur El-Hadj Omar.

Quant au royaume bambara de Ségou, il disparut à la même époque et de la même façon que le royaume peul du Massina : El-Hadj Omar s'empara en effet de Ségou le 10 mars 1861 et, l'année suivante, il se saisit de la personne d'Ali, le dernier roi de la dynastie des Diâra, lequel s'était réfugié auprès de Hamadou-Hamadou, devenu, en face du danger commun, l'allié de ses anciens ennemis.

Le royaume bambara du Kaarta avait eu une durée moins longue encore. Ses débuts remontent, comme ceux du royaume de Ségou, à 1660 ou 1670. Moins d'un siècle après, en 1754, le roi Sié s'emparait de Diâra. Ses successeurs se rendirent maîtres de la plupart des autres provinces situées au Nord du haut Sénégal et enlevèrent le Bambouk et Kita aux Mandingues.

C'est vers la même époque, en 1776, que se produisit dans le Fouta-Toro une révolution qui devait donner un regain puissant à l'islamisation des peuples sénégalais. Les Noirs toucouleurs, en majorité musulmans depuis six siècles, triomphèrent des Peuls païens ; l'imâm ou *almâmi* Abdoulkader remporta une victoire définitive sur Soulé-Boubou, le dernier prince de la dynastie dénianké fondée par Koli, et établit au Fouta-Toro un État théocratique, à monarchie élective, qui devait durer jusqu'en 1881, date de l'annexion de ce pays à la colonie française du Sénégal.

Cependant les progrès des Bambara-Massassi avaient continué et ils étaient parvenus, vers 1810, à établir momentanément leur suzeraineté sur le Khasso (région de Kayes), où des Diallo, semi-peuls et semi-mandingues, avaient fondé un petit État. En 1846, Kandia, roi des Bambara du Kaarta, avait installé sa capitale à Nioro, mais en 1854, cette capitale était prise par El-Hadj Omar, Kandia était mis à mort par le conquérant toucouleur et le royaume des Massassi n'existait plus.

Cet El-Hadj Omar, qui s'empara ainsi en l'espace de

huit ans de trois puissants États, était un Toucouleur de la caste des Torodo, laquelle avait dirigé le mouvement de révolte contre les Dénianké. Né à Aloar, dans la province de Podor, vers 1797, il entreprit en 1820 de se rendre à La Mecque, où il se fit recevoir dans la confrérie des Tidjania et investir du titre de « khalife » de cette confrérie pour le Soudan ; à son retour, il séjourna auprès du Kanémi, maître du Bornou, de Mohammed-Bello, empereur toucouleur de Sokoto, et de Sékou-Hamadou, roi peul du Massina. Revenu en Afrique occidentale en 1838 seulement, il s'établit d'abord dans le Fouta-Diallon, puis en 1848 à Dinguiraye, où il s'occupa activement de se constituer une armée. Il ne tarda pas à soumettre le Manding à son autorité, s'empara du Bambouk, puis, sous prétexte de convertir les Bambara, qui étaient toujours demeurés païens comme ils le sont encore, il marcha contre les Massassi et entra en vainqueur à Nioro (1854).

Après avoir fait à Hamadou-Hamadou, alors roi du Massina, et à Touroukoro-Mari, roi bambara de Ségou, des propositions d'alliance qui furent repoussées, il se tourna contre le Khasso et vint, le 20 avril 1857, assiéger Médine, capitale de cet État, avec une vingtaine de mille hommes. Le siège fut soutenu pendant trois mois, avec une rare vaillance, par Diouka-Sambala, roi du Khasso, et le mulâtre français Paul Holle, commandant du fort que nous possédions en cette localité. Le gouverneur Faidherbe arriva le 18 juillet avec des renforts et mit en fuite El-Hadj Omar, qui passa dans le Boundou et le Fouta-Toro, attaqua vainement en 1859 notre poste de Matam où il retrouva en face de lui Paul Holle, retourna à Nioro, marcha contre le Bélédougou et, après toute une série de combats contre les Bambara et les Peuls, s'empara de Ségou le 10 mars 1861.

Sans se reposer, il tourna ses armes contre Hamadou-Hamadou, se rendit maître de Hamdallahi et fit couper la tête au roi du Massina (1862).

Toujours assoiffé de nouvelles conquêtes, il alla piller Tombouctou, revint au Massina où sa cruauté vis-à-vis des Peuls suscita une révolte, fut bloqué dans Hamdallahi, parvint à en sortir à la faveur d'un incendie allumé par lui-même et finit par périr misérablement dans une grotte où l'avaient acculé les Peuls, en septembre 1864.

Un empire fondé dans de pareilles conditions, et n'ayant même pas comme base le pays d'origine de son fondateur, ne pouvait pas durer. El-Hadj avait laissé, dans chacun des royaumes conquis par lui, un de ses fils ou de ses parents comme gouverneur ; tous se jalousaient ou ne s'accordaient que pour jalouser l'un d'eux, Ahmadou, qui était installé à Ségou et prétendait au commandement suprême. Les peuples opprimés par El-Hadj, ses fils et ses bandes saisissaient toutes les occasions de se révolter contre un joug détesté ; païens et musulmans s'unissaient contre le despotisme cruel d'Ahmadou et de ses frères. Aussi les troupes françaises, envoyées pour mettre de l'ordre dans ce chaos, furent-elles accueillies en libératrices. Le lieutenant-colonel Archinard entrait à Ségou le 6 avril 1890 ; devenu colonel, il occupait Nioro le 1er janvier 1891 et, promu général, il enlevait, le 29 avril 1893, la ville de Bandiagara, dont les Toucouleurs avaient fait leur capitale au Massina.

La paix française avait succédé à l'aventure toucouleure. Un seul obstacle sérieux la menaçait, du côté du Sud, dans la personne du conquérant mandingue Samori Touré, originaire du Ouassoulou, qui, gagnant vers l'Est à mesure que nous gênions sa situation dans l'Ouest, dévastait

Kong, le Guimini et la région de Bondoukou (Côte d'Ivoire) en 1894-95, attaquait les troupes britanniques de la Côte d'Or en 1897, puis se rabattait vers le Nord-Est du Libéria, où il était enfin fait prisonnier le 29 septembre 1898, après une lutte de près de dix-huit ans, par le capitaine Gouraud, aujourd'hui général, et le capitaine Gaden, aujourd'hui gouverneur des colonies.

*
* *

Je n'ai parlé jusqu'ici que des peuples ayant constitué de grands États : les Sarakollé, les Mandingues, les Songoï, les Mossi, les Gourmantché, les Berba, les Peuls, les Bambara, les Toucouleurs. Il y en a cependant bien d'autres, en Afrique occidentale, qui, pour n'avoir pas eu une fortune aussi éclatante, ne méritent point pourtant d'être passés sous silence.

Si nous suivons la zone côtière à partir de l'embouchure du Sénégal, nous rencontrons d'abord les Ouolofs, divisés en trois royaumes peu étendus à la vérité, le Oualo avec son prince portant le titre de *brak*, le Djolof avec son *bour*, le Cayor avec son *damel*, qui furent de tout temps remarquables par leur organisation et dont le second surtout ne fut pas sans jouer un rôle important à plusieurs reprises. Plus au Sud est le Baol, formé de groupements ouolofs et sérères obéissant à un roi qui porte le titre de *tègne*. Au delà se trouve le grand royaume sérère du Sine, où l'agriculture fut toujours florissante.

Ensuite nous arrivons à une poussière de tribus pour la plupart très arriérées et souvent à demi-sauvages, restes probables de populations autrefois plus nombreuses et plus compactes entre lesquelles les Mandingues et les

Peuls se sont infiltrés depuis des siècles, tantôt les acculant à la côte de l'Océan ou parfois même aux îles situées dans les estuaires des fleuves, comme c'est le cas pour les Diola de la basse Gambie et de la Casamance, les Balantes, Bagnoun, Bissago, Papel, Biafada, etc. de la Guinée Portugaise, les Nalou, Landouman et Baga de la basse Guinée Française, les Timné et Boulom du Sierra-Leone, tantôt les isolant en îlots plus ou moins étendus à l'intérieur des terres, comme ceux formés par les Tiapi, les Bassari et les Koniagui au Nord du Fouta-Diallon, les Kissi, fabricants de statuettes en pierre, au Nord-Ouest du Libéria, les Gola dans l'Ouest de ce dernier pays. De l'histoire de ces diverses tribus, nous savons fort peu de chose, en dehors du fait que leurs voisins plus puissants ont largement puisé parmi elles les milliers et milliers d'esclaves qui, vendus aux marchands négriers, allèrent, par delà l'Atlantique, défricher et cultiver les terres des anciennes colonies espagnoles, portugaises, françaises et anglaises de l'Amérique.

A partir de la Guinée Française, des peuples apparentés aux Mandingues contribuèrent avec ceux-ci à pousser ces tribus vers la mer en l'atteignant eux-mêmes : tels les Soussou ou Sosso, qui habitaient autrefois dans le Fouta-Diallon et qui furent rejetés du côté de l'Atlantique ; tels encore les Mendé du Sierra-Leone, à moitié islamisés aujourd'hui comme les Soussou et doués comme eux d'un esprit assez entreprenant ; tels aussi les Vaï ou Veï de la région de Gallinas et de Cape-Mount (Sierra-Leone et Libéria), qui usent pour écrire leur langue d'un alphabet syllabique inventé de toutes pièces par quelques-uns d'entre eux vers la fin du XVIIIe siècle ou le début du XIXe.

J'ai cité le nom du Fouta-Diallon et je ne puis passer

outre sans dire au moins un mot de cette contrée de montagnes et de vallées, où un mélange de Soussou prétendus autochtones, de Peuls venus du Massina et du Termès, de Sarakollé de Diakha (Massina), de Toucouleurs du Fouta-Toro et de Mandingues du haut Sénégal arriva à former une sorte de nation, dite des Foula, relativement homogène, surtout pastorale mais agricole aussi, parlant le peul et pratiquant en immense majorité la religion musulmane, qui s'est constituée en un État théocratique assez analogue à celui des Torodo du Fouta-Toro et chez laquelle le goût de l'étude et des belles-lettres a été en honneur jusqu'à nos jours.

J'ai parlé aussi du Libéria. L'on sait en quoi consiste cet État et quelle en est l'origine. Des esclaves noirs libérés par des sociétés philanthropiques y furent amenés de l'Amérique du Nord, à partir de 1822, et s'y multiplièrent. En 1847, ils se constituèrent en une République indépendante dont la constitution fut copiée sur celle des États-Unis et qui fut reconnue par toutes les puissances d'Europe et d'Amérique. Les Libériens proprement dits, c'est-à-dire les Noirs et mulâtres de provenance américaine, vivant à la mode européenne, ayant l'anglais pour langue maternelle, ne sont guère plus de 15.000 et n'exercent qu'un contrôle très restreint sur les quelque 700.000 indigènes qui leur ont été octroyés comme sujets par les traités conclus avec la France et la Grande-Bretagne.

Au Sud-Est du Fouta-Diallon, en bordure de la forêt dense, nous rencontrons une série de peuplades généralement très primitives, parfois encore anthropophages, qui se sont spécialisées dans la culture des colatiers et en vendent les fruits à leurs voisins du Nord, Malinké et Dioula. Ce sont, en allant du pays des Kissi à Bondoukou, les Toma, les Guerzé ou Pessy, les Manon, les Dan ou Mêbé, les Toura, les Lo ou Gouro, les Mouin ou Mona, les Ngan, les Gbin.

Au Sud de cette série de peuplades, confinées dans la forêt dense, est un peuple plus primitif encore peut-être, sauf en ce qui concerne la fraction vivant en bordure de la mer. Il est en grande partie adonné à l'anthropophagie et se divise en une multitude de tribus qui s'étendent depuis le Saint-Paul jusqu'au delà du Sassandra. Celles qui habitent la côte, connues sous le nom générique de *Kroumen* que leur ont donné les Anglais, sont utilisées depuis cinq siècles environ par les navigateurs et les commerçants de toutes les nations pour fournir des manœuvres aux navires et des équipes de canotiers aux factoreries.

A l'Est des Kroumen, la forêt équatoriale et ses abords sont habités principalement, du Bandama à la Volta, par un groupe de populations remarquablement développées sous le rapport intellectuel, quoique d'une civilisation matérielle parfois très rudimentaire et souvent abâtardies par un usage immodéré des liqueurs fortes. Elles surprennent tous ceux qui les approchent par une propreté corporelle méticuleuse et une étiquette mondaine compliquée. Certaines de leurs fractions ont atteint un stade politique relativement avancé, tandis que d'autres vivent dans l'anarchie la plus absolue. Les portions christianisées par les missionnaires protestants de la Côte d'Or britannique fournissent une quantité stupéfiante de docteurs en théologie ou en droit, d'avocats et de littérateurs. Ce groupe renferme notamment : les Baoulé ; les Agni ; les Zéma ou Apolloniens, commerçants avisés ; les Abron, lesquels ont fondé au XVe siècle, dans la région de Bondoukou, un État savamment organisé qui existe encore ; les Achanti ou mieux Assanti, lesquels avaient créé, avec Coumassie comme capitale, un royaume puissant et fort bien constitué qui dura de 1700 à 1895 ; enfin les Fanti, chez lesquels les Anglais ont trouvé une abondante pépinière d'excellents fonctionnaires et employés subalternes, comme chez leurs voisins orientaux, les Gan d'Accra.

En continuant vers l'Est, nous trouvons encore des peuples étonnamment doués aux points de vue intellectuel, artistique et politique. Ce sont les Ehoué du bas Togo, les Mina et les Fon ou Djedji du bas Dahomey, puis, dans un groupe ethnique différent quoique assez voisin, les Yorouba ou Nago, les Bénin ou Edo et les Noupé de la Nigeria méridionale. Tout le monde en France a entendu parler du royaume du Dahomey, qui, fondé dès avant le XVIᵉ siècle [1], avec Abomey comme capitale, fut annexé par nous en 1894 à la suite d'une campagne fameuse ; les rois du Dahomey furent de grands guerriers et de grands rabatteurs d'esclaves et se rendirent célèbres par leurs sacrifices humains, mais il convient de dire d'autre part qu'ils avaient su organiser leur État et leur armée et administrer leur royaume d'une façon qui leur fait honneur ; il faut ajouter aussi que les talents des Dahoméens comme cultivateurs et comme artisans, joints à leurs indéniables capacités intellectuelles, les placent à l'un des tout premiers rangs parmi les peuples noirs de l'Afrique.

1. Certains auteurs donnent 1625 comme date de la fondation du Dahomey. D'autres comme M. A. Le Hérissé, veulent ne faire remonter cet événement qu'au règne du prince Ouagbadja, qui se place entre 1650 et 1680 et sous lequel serait apparu, d'après eux, pour la première fois le nom de Dahomey ou mieux *Danhomé*. Or la carte intitulée *Guinea* de Joannes Janssonius, éditée à Amsterdam en 1627, porte le pays et la ville de *Dauma* au Nord d'Arder (Ardra) et à l'Est de la Volta, c'est-à-dire là où se trouve le Dahomey que nous connaissons ; de plus, Léon l'Africain, qui vivait entre 1491 et 1540 et qui voyagea au Soudan vers 1507, mentionne également un royaume de *Dauma*, qu'il situe assurément bien à l'Est du Dahomey, mais qui devait très probablement être le même que le *Dauma* de Joannes Janssonius.

Contrairement à toutes les populations que je viens d'énumérer à partir de l'embouchure du Sénégal, à l'exception des Ouolofs, des Soussou, des Vaï et des habitants du Fouta-Diallon, contrairement aussi aux populations ouest-africaines qu'il me reste à citer, les Yorouba sont en grande partie islamisés. Ils se répartissent entre plusieurs États pourvus d'assemblées législatives et parfois de journaux — officiels et privés — rédigés en anglais. L'un de ces États a pour capitale Abéokouta, cité extrêmement populeuse et très industrieuse.

Quant au Bénin, il a formé, depuis sans doute le XVe siècle et peut-être depuis une époque plus lointaine, un État puissant et redouté, où les arts industriels et notamment l'art du bronze et celui de l'ivoire ont fleuri d'une façon remarquable ; certains bronzes du Bénin des XVe et XVIe siècles, que l'on peut voir aujourd'hui dans les musées de Hollande, d'Allemagne et d'Angleterre et dans des collections privées, sont dignes de rivaliser avec les produits analogues de plusieurs civilisations renommées.

La nécessité de suivre les côtes de l'Océan nous a contraints à laisser provisoirement de côté quantité d'autres peuples intéressants, répandus dans l'intérieur de la Boucle du Niger : les Tombo ou Habé, qui habitent, au Nord du Yatenga, des demeures creusées dans les falaises rocheuses de Bandiagara et de Hombori ; les Samo, qui les avoisinent dans la direction du Sud-Ouest ; les Foulsé, Nioniossé, Kipirsi, Nourouma, Sissala et autres tribus communément englobées sous le nom générique de Gourounsi ; les Dagari, Birifo ou Birifor, Gbanian ou Gondja, Dagomba, Nankana et autres peuplades ethniquement apparentées de très près aux Mossi ; les Bobo, Lobi, Dian et autres peuples plus ou moins barbares ; les Koulango de la haute Côte d'Ivoire orientale, les Soumba du haut Togo et du haut Dahomey, etc.

On peut dire de tous ces peuples qu'ils sont, dans leur ensemble, demeurés des primitifs ; à part quelques exceptions, ils n'ont pas su arriver à un stade politique quelque peu élevé et, la plupart du temps, n'ont pas dépassé l'unité familiale. Quoique voisins d'États puissants et bien organisés, comme les empires mossi et les royaumes du Gourma et du Bergo, habités par des populations de même groupe ethnique, ils n'ont pas profité en général de ce voisinage : les uns se sont trouvés englobés comme sujets ou vassaux dans ces États, les autres sont demeurés en dehors, semblant n'avoir qu'un but, sauvegarder, à force de sauvagerie, leur farouche mais stérile indépendance. Par une contradiction singulière, presque tous sont de merveilleux cultivateurs et l'attachement à la terre semble la seule institution solide et féconde de leur société chaotique.

Il convient de mettre à part l'importante population des Sénoufo ou Siéna, répandue depuis la région de San et de Koutiala sur la rive droite du Bani jusqu'à celle de Bondoukou et du coude de la Volta Noire, où elle atteint la limite septentrionale de la grande forêt. En partie dégrossies par les Dioula établis parmi elles et qui souvent, comme à Sikasso et à Kong, ont exercé dans le pays une hégémonie durable, beaucoup de fractions sénoufo sont arrivées à constituer de petits États de superficie restreinte mais offrant de la cohésion et de la vitalité. L'industrie du fer et celle de la poterie, l'agriculture, l'art musical ont atteint chez certains Sénoufo un développement qui mérite de retenir l'attention.

BIBLIOGRAPHIE

1º *Afrique en général* [1] : Léon l'Africain, *Description de l'Afrique, tierce partie du monde* (traduction Temporal, édition Schefer), Paris, 1896-1898, 3 vol. gr. in-8. — J. de Barros, *Asia*, Lixboa, 1552-1553, 2 vol. in-fol. — Marmol Carvajal, *Descripcion general de Africa, segunda parte : Tierra de los Negros*, Malaga, 1599, in-fol. — J. Osorius, Lopez Castagnede et autres, *Histoire de Portugal* (traduction Goulard), Paris, 1587, in-fol. — O. Dapper, *Description de l'Afrique*, Amsterdam, 1686, gr. in-4. — C. A Walckenaer, *Collection des relations de voyage par mer et par terre en différentes parties de l'Afrique depuis 1400 jusqu'à nos jours*, Paris, 1842, 21 vol. in-8.

2e *Soudan occidental* : Abderrahman Es-Sa'di, *Tarikh es-Soudân* (traduction Houdas), Paris, 1900, in-8. — Mahmoud Kâti (ou Kôti), *Tarikh el-fettâch* (traduction Houdas et Delafosse), Paris, 1913, in-8. — *Tedzkiret en-nisiân* (traduction Houdas), Paris, 1901, in-8. — Mungo-Park, *Travels in the interior of Africa* (1795-1797), London, 1799, in-4. — René Caillié, *Journal d'un voyage à Timboctou et à Jenné dans l'Afrique centrale* (édition Jomard), Paris, 1830, 3 vol. in-8. — H. Barth, *Travels and discoveries in Northern and Central Africa* (1849-1855), London, 1858, 5 vol. in-8. — E. Mage, *Voyage dans le Soudan occidental* (1863-1866), Paris, 1868, gr. in-8. — L. G. Binger, *Du Niger au Golfe de Guinée par le pays de Kong et le Mossi*, Paris, 1889, 2 vol. in-4. — A. Mévil, *Samory*, Paris, 1899, in-12. — A. Hacquard, *Monographie de Tombouctou*, Paris, 1900, in-18. — Ch. Monteil, *Monographie de Djénné*, Tulle, 1903, in-8. — Le même, *Les Khassonké*, Paris, 1915, in-8. — M. Delafosse, *Haut-Sénégal-Niger (Soudan Français)*, Paris, 1912, 3 vol in-8 (voir le 2e volume : *L'histoire*). — Le même, *Traditions historiques et légendaires du Soudan occidental traduites d'un manuscrit*

---

1. Les ouvrages mentionnés sous cette rubrique sont également à citer à la fin des deux chapitres suivants.

arabe inédit, Paris, 1913, in-12. — Le même et H. GADEN, *Chroniques du Foûta sénégalais*, Paris, 1913, in-8.

3° *Côte occidentale d'Afrque et Boucle du Niger* : CADAMOSTO, *Relation des voyages à la Côte occidentale d'Afrique (1455-1457)*, traduction Temporal (édition Schefer), Paris, 1895, in-8. — ALVAREZ D'ALMADA, *Traité succinct sur les rivières de Guinée et du Cap Vert* (1594), édition Diego Köpke, Porto, 1841, in-8. — JEANNEQUIN DE ROCHEFORT, *Voyage de Lybie au royaume de Senega*, Paris, 1643, in-12. — J. BARBOT, *Histoire de la Guinée*, Paris, 1660, in-12. — J. B. LABAT, *Nouvelle relation de l'Afrique Occidentale*, Paris, 1728, 5 vol. in-18. — S. M. X. GOLBERRY, *F-agmens d'un voyage en Afrique* (1785-1787), Paris, 1802, 2 vol. in-12. — — L. FAIDHERBE, *Notice sur la colonie du Sénégal*, Paris, 1859, in-8. — A. TARDIEU, *Sénégambie et Guinée* (tome III de l'*Afrique*, collection de l'*Univers pittoresque*), Paris, 1878, in-8. —P. CULTRU, *Histoire du Sénégal du XVe siècle à 1870*, Paris, 1910, in-8. — A. ARCIN, *Histoire de la Guinée Française*, Paris, 1911, in-8. — L. JORE, *La République de Libéria*, Paris, 1912, in-8. — M. DELAFOSSE, *Les frontières de la Côte d'Ivoire, de la Côte d'Or et du Soudan*, Paris, 1908, in-8. — Le même, *Le peuple Siéna ou Sénoufo*, dans *Revue des études ethnographiques et sociologiques*, Paris, 1908-09. — G. JOSEPH, *La Côte d'Ivoire*, Paris, 1917, in-8. — T. E. BOWDICH, *Mission from Cape-Coast Castle to Ashantee, with a statistical account of that kingdom*, London 1819, in-4. — C. C. REINDORF, *History of the Gold Coast and Asante*, Basel, 1895, in-8. — A. LE HÉRISSÉ, *L'ancien royaume du Dahomey*, Paris, 1911, gr. in-8. — A. B. ELLIS, *The Yoruba-speaking peoples of the Slave-Coast of West-Africa*, London, 1894, in-8. — — J. MARQUART, *Die Benin-Sammlung des Reichsmuseums für Völkerkunde in Leiden*, Leiden, 1913, gr. in-4. — L. TAUXIER, *Le Noir du Soudan (pays mossi et gourounsi)*, Paris, 1912, in-8. — Le même, *Le Noir du Yatenga (Mossis, Nioniossés, Samos, Yarsés, Silmi-Mossis, Peuls)*, Paris, 1917, in-8. — H. LABOURET, *Le mystère des ruines du Lobi*, dans *Revue d'ethnographie et des traditions populaires*, Paris, 1920.

CHAPITRE V

LES NOIRS DU SOUDAN CENTRAL ET ORIENTAL

Si nous sommes moins documentés sur l'histoire ancienne du Soudan central et oriental que sur celle du Soudan occidental, c'est principalement parce que les musulmans d'abord et les Européens ensuite n'entrèrent en relations avec le Centre et l'Est de l'Afrique noire que bien après avoir pénétré jusqu'au cœur des régions situées plus à l'Ouest. L'islamisation et l'exploration des pays qui s'étendent à l'Est du Niger sont relativement très récentes.

Le peuple nombreux et fort intéressant des Haoussa ou Afno, dont l'habitat est compris entre le Songoï et le Bornou, fut de tout temps réparti entre plusieurs petits États qui semblent avoir été tributaires les uns des autres tour à tour, sans qu'aucun ait jamais eu sur l'ensemble une prééminence véritable. C'étaient et ce sont encore : le Gober ou royaume de Tessaoua, célèbre dès le XVIe siècle par ses tissus de coton et ses chaussures de cuir ; le royaume

de Kano, dont la capitale était déjà populeuse au temps
de Léon l'Africain et réputée pour son enceinte imposante,
ainsi que pour son commerce et son industrie ; celui de
Katséna, renommé pour sa richesse agricole et sa puissance
militaire ; celui de Zegzeg ou Zaria, dont on a toujours
vanté la prospérité commerciale et dont on prétend qu'il
aurait autrefois, grâce à l'énergie d'une femme qui en était
la souveraine, étendu son autorité sur tous les pays haoussa ;
d'autres encore, notamment les royaumes de Zinder, du
Zanfara, du Kontagora, du Baoutchi, etc.

Il semble que ces divers États furent réunis au XVe siècle
sous l'autorité des *kanta* ou rois du Kebbi, pays situé au
Sud-Ouest de Sokoto et à l'Ouest de Gando, dont les habitants seraient issus d'un mélange de Songoï et de Haoussa.
Vers l'an 1500 régnait un *kanta* qui passait pour être maître
de Katséna, de Kano, de Zaria, du Gober et du Zanfara
et étendre son pouvoir jusque sur l'Aïr. Le sultan du
Bornou, Ali, qui venait de s'installer à Gassaro, à l'Ouest
du Tchad, voulut mettre fin à l'extension grandissante du
Kebbi et vint attaquer le *kanta* dans sa résidence de Sourami ; après un siège sans résultat, il dut se retirer. Le roi
du Kebbi le poursuivit, l'atteignit à l'Est de Katséna et
mit son armée en déroute ; mais, comme il revenait sur
ses pas, il fut attaqué par les gens de Katséna révoltés,
reçut une flèche et mourut de sa blessure.

Son successeur fit alliance en 1513 avec l'*askia* Mohammed, qui l'aida à reprendre Katséna et, en 1515, poussa
jusqu'à Agadès. Craignant de voir ses États passer sous la
suzeraineté de Gao, le *kanta* rompit le traité d'alliance.
En 1517, il infligea une défaite complète à l'armée que
l'*askia* avait envoyée contre lui et rétablit l'autorité propre
du Kebbi sur Katséna et l'ensemble des pays haoussa.

7   DELAFOSSE

Mais, vers l'an 1600, les rois du Gober et du Zanfara s'unirent à celui de l'Aïr contre le *kanta* qui vivait alors, le vainquirent, détruisirent ses trois villes principales (Goungou, Sourami et Liki) et libérèrent le Haoussa du joug du Kebbi.

C'est au début du XIXe siècle seulement que remonte l'islamisation des Haoussa ou, plus exactement, d'une certaine partie d'entre eux. Jusque-là, on ne rencontrait guère de musulmans qu'à Kano, et ils n'y étaient pas nombreux. C'est au zèle mystique et au fanatisme guerrier d'un marabout toucouleur [1], originaire du Fouta-Toro, que cette importante région de l'Afrique dut d'être envahie par le mahométisme.

En 1801, le cheikh Ousmân le Torodo, fils d'un nommé Mohammed dit Fodé ou Fodio, c'est-à-dire « le savant [2] », ayant appris que des difficultés s'étaient élevées entre des bergers peuls du Gober et leurs patrons haoussa, profita de la circonstance pour prêcher la guerre sainte contre les habitants du Gober et leurs voisins. Prenant fait et cause pour les Peuls, qui avaient avec lui et son peuple un lien commun consistant à parler la même langue, il leva une armée parmi des guerriers sans emploi du Fouta-Toro, du Massina, du Liptako et du Songoï et se lança à la conquête du Haoussa. Il réussit dans son entreprise et fonda, avec Sokoto comme capitale et son faubourg de Wourno comme résidence princière, un empire qui ne tarda pas à englober tous les royaumes haoussa, une partie de l'Adamaoua, le Noupé, le Kebbi et, dans la boucle du Niger, le Liptako.

1. C'est tout à fait à tort que l'on parle couramment de l'empire *peul* du Sokoto et de la conquête du Soudan central par les Peuls ou Foulbé : ceux-ci n'intervinrent que comme cause occasionnelle et la conquête fut faite par un Toucouleur et au profit des Toucouleurs.

2. D'où son nom haoussa de *Ousmân-dan-Fodio*, c'est-à-dire « Ousmân fils de Fodio ».

Il envahit même le Bornou, mais en fut chassé en 1810 par le Kanémi, dont il sera parlé plus loin. Le cheikh Ousmân mourut vers 1815, à la suite d'un accès de folie mystique. Son frère Abdoullahi prit le commandement des provinces occidentales de l'empire, avec Gando comme capitale ; l'Adamaoua forma un État à peu près indépendant ; quant à la majeure partie des provinces conquises par Ousmân, elle passa sous la domination de son fils Mohammed Bello (1815-1837).

Les débuts du règne de ce prince furent consacrés à une lutte sans répit contre le Zanfara, le Gober, le royaume de Katséna et le Kebbi qui refusaient l'obéissance au fils comme au frère d'Ousmân et dont les habitants avaient abjuré l'islamisme presque aussitôt après l'avoir accepté par contrainte. En fait, tout le Haoussa s'était révolté contre la domination toucouleure et les Touareg de l'Aïr et du Damergou pactisaient avec les rebelles. Bientôt, le Kanémi leur apporta son aide et leur fournit des contingents envoyés par le Ouadaï et le Baguirmi ; puis il partit lui-même en guerre contre Mohammed Bello. Celui-ci dépêcha contre son ennemi deux armées commandées l'une par Yakouba, roi du Baoutchi, et l'autre par Ya-Moussa, roi de Zaria. Ce dernier prit la fuite avec son contingent dès le premier contact avec le maître du Bornou, mais Yakouba, après deux durs combats, mit le Kanémi en déroute et sauva l'empire de Sokoto.

Mohammed Bello, qui fut un guerrier assez médiocre et qui aimait peu se battre en personne, était un homme de lettres distingué. Il composa en arabe une foule de poèmes et d'ouvrages en prose, les uns religieux, les autres historiques, protégea les savants, reçut avec égards l'explorateur anglais Clapperton (1828) et se signala par un contrôle rigoureux des actes des magistrats, qui redoutaient ses enquêtes et sa censure.

Son frère et successeur Atikou (1837-1843) se montra surtout grand ennemi de la danse et de la musique et proscrivit tous les divertissements. Le Gober et le royaume de Katséna se révoltèrent de nouveau sous son règne contre les excès des princes toucouleurs installés comme résidents dans les provinces vassales.

Ali, fils de Mohammed Bello, régna de 1843 à 1855, au milieu des continuelles révoltes de ses prétendus sujets qui, notamment dans le Gober et le Kebbi, refusaient avec persistance d'adhérer à l'islamisme. Ali laissa s'émietter l'autorité que lui avait léguée son oncle et qui, peu à peu, passa aux gouverneurs de province. Les cinq souverains toucouleurs qui vinrent après lui — Ahmadou (1855-1866), Alioun-Karani (1866-1867), Ahmadou II (1867-1872), Boubakar (1872-1877) et Méyassou (1877-1904) — furent incapables de gouverner un empire trop vaste et trop mal organisé, qui s'effondra comme un château de cartes, en 1904, du seul fait de l'occupation de Sokoto par les troupes britanniques de Sir Frederick Lugard.

A l'Est du Haoussa, des deux côtés du lac Tchad, vit une population dont le domaine porte à l'Ouest le nom de Bornou et à l'Est le nom de Kanem. Cette population se rattache, par ses origines et par sa langue, à une autre, dispersée à travers d'immenses territoires pour la plupart désertiques, celle des Téda ou Gorân ; ceux-ci se rencontrent au Kaouar (oasis de Bilma), au Tibesti ou Tou ou région de Bardaï (d'où les noms de Tibbou ou Toubou et de Bardoa donnés aux Téda de cette région), au Borkou ou Daza, dans l'Ennedi (où ils prennent le nom d'Anna et sont appelés Bédéyat par les Arabes), dans le Kabga

ou Kapka du Nord du Ouadaï (Gaoga de Léon l'Africain),
enfin dans le Zaghaoua, situé au Nord du Darfour entre
l'Ennedi et le Nil. Ces Téda se divisent en un grand nombre
de tribus, les unes nomades et les autres sédentaires, les
unes musulmanes et les autres païennes, les unes franche-
ment nègres, d'autres plus ou moins métissées de sang
blanc. C'est à ce peuple qu'appartenait vraisemblablement
la famille du premier souverain du Kanem-Bornou dont
la tradition ait conservé la mémoire. Elle donne à ce prince
le nom de Saéfé ou Séfou, dont les musulmans n'ont pas
hésité à faire *Seïfoullâhi* « le sabre de Dieu) , tout en recon-
naissant qu'il n'était pas musulman ; ils n'ont pas hésité
davantage à l'assimiler à Seïf ben Dzou-Yezen, dernier
roi himyarite du Yémen.

En réalité, ce Saéfé était tout bonnement un nègre d'origine téda, qui fixa sa résidence à Ndjimi, entre Mao et
Yagoubri, dans le Kanem, et établit sa domination sur les
Téda du Borkou, du Tibesti et du Kaouar, sur les Kanembou
ou habitants du Kanem et sur les Kanouri ou Baribari
du Bornou et du Mounio. On ignore à quelle époque se
place sa vie. C'est vers le XIᵉ siècle, sous l'un de ses successeurs nommé Oumé, que l'islamisme aurait fait sa première apparition dans le pays.

A la fin du XIIᵉ siècle, la dynastie téda et païenne fondée
par Saéfé fut renversée par une dynastie kanembou et
musulmane dont le premier représentant fut Tsilim ou
Salmama, c'est-à-dire « le musulman », qui régna, croit-
on, de 1194 à 1220 et prit le titre de *maï*. Son successeur
Dounama I (1220-1259) eut à combattre les Téda révoltés.
Deux siècles se passèrent ensuite dans une anarchie presque
continuelle. Sous le *maï* Ibrahim (1288-1304) commença
la révolte de la tribu, jusque-là vassale, des Boulala, laquelle

continua durant plus de trois cents ans à troubler l'empire. Le *maï* Idris I (1352-1376) venait de monter sur le trône lorsque le voyageur arabe Ibn-Batouta, se rendant de Tombouctou au Touat, séjourna en 1353 à Takedda, entre Gao et Agadès (le Teguidda de nos cartes actuelles), célèbre alors par ses mines de cuivre en pleine exploitation ; les gens de Takedda racontèrent à Ibn-Batouta que le roi Idris ne se montrait jamais en public et ne parlait à personne que caché derrière un rideau, selon une coutume que l'on observe encore de nos jours dans beaucoup d'États de l'Afrique noire.

Le *maï* Omar (1394-1398) se décida à abandonner le Kanem aux Boulala et alla s'établir au Bornou, où l'un de ses successeurs, Ali (1472-1504), fixa la capitale de l'empire à Gassaro ou Kasr-Eggomo, à 75 kilomètres à l'Ouest du Tchad. Ce fut cet Ali qui s'attaqua au *kanta* du Kebbi et fut défait par lui. Son fils Idris II (1504-1526) reconquit le Kanem sur les Boulala ; il était contemporain de Léon l'Africain, lequel parle de lui dans sa relation en lui donnant par erreur le nom d'*Abran* (Ibrahim), l'un des prédécesseurs d'Idris.

C'est avec Idris III (1571-1603) que l'empire du Bornou atteignit son apogée. Sa suzeraineté s'étendait alors sur Kano, Zinder et l'Aïr, sur le Kanem jusqu'au Fitri, sur l'ensemble des pays habités par les Téda et, au Sud du Tchad, sur le Mandara ou Ouandala (Maroua), sur le Kotoko (Kousseri) et sur le Mousgou (moyen Logone). Mais, après la mort de ce prince, les Boulala redevinrent maîtres du Kanem, pour en être chassés ensuite par des Toundjour émigrés du Ouadaï et se retirer vers l'Est. Ce furent les Toundjour qui régnèrent désormais au Kanem, avec Mao comme capitale, mais ils payaient un tribut au *maï* du Bornou, qui entretenait un résident à Mao.

Ces Toundjour, qui parlent habituellement un dialecte arabe, passent pour être d'origine arabe antéislamique. Ce qu'il y a de certain, c'est qu'ils ne professent l'islamisme que depuis un siècle à peine et que beaucoup d'entre eux n'ont jamais été et ne sont pas encore musulmans. Il se pourrait qu'ils fussent d'origine abyssine et que leur ancien paganisme eût été un christianisme plus ou moins corrompu. Il semble d'ailleurs que cette appellation de *toundjour* soit donnée à l'Est du Tchad à tous les peuples non musulmans auxquels la tradition attribue une origine non nègre.

En 1808, le Bornou fut attaqué par le conquérant toucouleur Ousmân-dan-Fodio, qui battit près de Gassaro les troupes du *maï* Ahmed. Un chef très influent, Mohammed-el-Amine, dit « le Kanémi » à cause de son pays d'origine (le Kanem), se mit à la tête des Noirs du Bornou et des Arabes Choa [1], refoula l'armée toucouleur en pays haoussa et ramena dans sa capitale le *maï* Ahmed, qui avait pris la fuite à l'approche de l'ennemi (1810). Cet Ahmed et ses successeurs jouèrent le rôle de rois fainéants et l'autorité désormais fut tout entière entre les mains du Kanémi et des gens de sa famille. Le cheikh Omar, fils du Kanémi, prit les rênes du gouvernement à la mort de son père et finit, en 1846, par se faire prochamer sultan du Bornou. Il installa sa résidence à Koukaoua ou Kouka, qui devint la capitale de la troisième dynastie, fondée par son père et par lui.

Hachem, successeur d'Omar, fut attaqué en 1893 par l'aventurier Rabah ; malgré les secours que lui envoya le Ouadaï, il fut défait et tué. Rabah détruisit Kouka et

---

1. Il y a un certain nombre d'Arabes répandus à l'Est du Tchad. Les uns, sédentaires, venus d'Arabie par l'Abyssinie, sont appelés *Choa*. Les autres, nomades, venus de Tripolitaine, sont connus sous le nom d'Oulad-Slimân.

Tropique du Cancer
FEZZAN
TOUAREG
TIBESTI
TOUBOU
Bardaï
NUBIE
Médine
HEDJAZ
MER ROUGE
BICHARI
La Mecque
Wadi-Halfa
Dongola
Berber
YEMEN
KAOUAR
Bilma
AÏR
Agadès
DAZA
BORKOU
ENNEDI
Tombouctou
Takedda
KANEM
Mao
Ouara
Abécher
Kabié
AGHAOUA
KABO
Omdourman
Khartoum
DANAKIL
Aden
G.-d'Aden
Sokotra
Niger
SONGOÏ
LIPTAKO
GOBER
DAMERGOU
KANOURI
L. Tchad
Koussei
El-Facher
KORDOFAN
Bara
TIGRAI
Djibouti
Cap
Guardafui
Tessaoua
Zinder
Kouka
Yao
Koundi
El-Obeïd
Gondar
Wourno
Katséna
Kadame
DE FOUR
NOUBA
AMHARA
Berbéra
Sokoto
KEBBI
Kano
BORNOU
L. Fitri
OUADAÏ
KOUKA
ABYSSINIE
SOMALI
GALLA
Gando
Zanfara
HAOUSSA
Dikoa
Messénia
ROUGNA
CHILLOUK
Harrar
Zaria
Logone
Bouguman
BAGUIRMI
Fachoda
Addis-Ababa
BAOUTCHI
MANDARA
Kouno
BAHR EL GHAZAL
NOUER
Kontagora
NOUPÉ
ADAMAOUA
SARA
KOUTI
ARO
BEGO
DINKA
KAFFA
Volta
Bénoué
Niger
BAYA
NKODJA
BANDA
BARI
LacRodolphe
Djouba
CAMEROUN
AKONDÉ
MOMBOUTTOU
BENADIR
Magedoxo
Douala
Yaoundé
B
Sangha
Oubangui
L. Albert
EQUATORIA
MADI
Golfe de Guinée
Equateur
Libreville
A
N
T
O
U
OUGANDA
BOUMA
Kismayo
OCÉAN
OCÉAN
ATLANTIQUE
Congo
Congo
Lac Victoria
Mont Kilimandjaro
Mombassa
PATOUROU
ANDORODBO
MASSAÏ
KOUAPI
Zanzibar
L. Tanganika
BAN
INDIEN
L. Nyassa

transféra la capitale à Dikoa, au Sud du Tchad. Peu après, il était vaincu et tué à Kousseri par les détachements français du commandant Lamy, le 22 avril 1900, et Aboubekr Guerbeï, neveu de Hachem, était reconnu par les Anglais comme sultan du Bornou, devenu un protectorat britannique.

Au Sud du Kanem s'étend le royaume du Baguirmi, dont la fondation est attribuée à un chasseur appelé tantôt Bernim-Bessé et tantôt Dokkengué, qui aurait bâti Massénia, la capitale, vers 1513. Il était païen et ses successeurs le furent comme lui jusqu'à Mâlo (1548-1561), qui prit le titre de *mbang* et créa les grandes charges du royaume. C'est Abdallah (1561-1602, fils de Mâlo, qui aurait été l'islamisateur du Baguirmi. Son neuvième successeur, Borkoumanda-Tadlélé (1734-1739), fut un grand guerrier : après avoir dirigé une expédition vers le Borkou et le Kaouar, il vainquit à deux reprises le roi du Ouadaï, Mohammed Ez-Zaouni. Mais Alaouine (1739-1741) fut vaincu à son tour par l'empereur du Bornou, dont le Baguirmi devint vassal. Mohammed-Alamine (1741-1784) s'empara du Fitri sur les Kouka et secoua la tutelle du Bornou. Abderrahmân-Gaourang I (1784-1806) recommença la lutte contre le Ouadaï ; il fut défait et tué par Saboun, roi de ce dernier pays, qui imposa au Baguirmi la suzeraineté du Ouadaï et y plaça comme souverain nominal un fils d'Abderrahmân-Gaourang. Un autre fils de celui-ci, Tchigama, déposa son frère, fut arrêté sur l'ordre de Saboun, amené prisonnier à Ouara, capitale du Ouadaï, puis relaxé, et revint à Massénia, où il régna sous le nom d'Ousmân-Borkoumanda de 1807 à 1846, payant assez régulièrement le tribut exigé par le Ouadaï. Il conduisit plusieurs expéditions contre le Bornou et se fit battre par le Kanémi en 1824 à Lédéri, près du Tchad, grâce à deux canons que le major anglais Denham avait donnés au maître du Bornou. Abdelkader (1846-1858), en dépit d'une victoire remportée sur Mohammed-Chérif, roi du Ouadaï, demeura tributaire de cet État. Abou-Sekkine (1858-1884) voulut également rejeter la tutelle du Ouadaï ; vaincu et chassé de Massénia en 1871 par le roi du Ouadaï Ali, il reprit sa capitale après la mort de ce prince, en 1875. La cruauté de son fils Borkoumanda (1884-1885) le fit chasser du pays par ses sujets et remplacer par Abderrrahmân-Gaourang II qui, attaqué par Rabah en 1893 et menacé de nouveau par ce conquérant en 1896, accepta le protectorat français en 1897.

Si l'histoire du Baguirmi se résume en une perpétuelle oscillation entre le joug du Bornou et celui du Ouadaï, l'histoire de ce dernier État n'est guère faite que des cruautés et des débordements de la plupart de ses rois. Le pays connu sous les noms de Ouadaï, Bergou et Dar-Saleh est peuplé de quelques tribus d'origine arabe plus ou moins pure et d'un grand nombre de tribus nègres dont la principale est celle des Maba et dont les autres sont celles des Tama, des Massalit, des Mimi, des Kouka, des Boulala, des Rougna, etc. On y rencontre aussi des Téda.

Le Ouadaï fut d'abord gouverné par des païens auxquels on attribue une origine sémitique, les Toundjour, qui avaient leur capitale à Kadama, au Sud-Ouest d'Abécher. C'est vers 1615 seulement que l'islamisme fut adopté par une fraction de la population, sous l'influence d'un nommé Djâmeh ou Saleh, que les uns disent indigène du pays, tandis que d'autres le rattachent à la tribu arabe des Djaaline, dont le berceau est à Berber, sur le Nil, en aval de Khartoum. Quant aux Toundjour, ils étaient demeurés païens. Un fils ou descendant de ce Djâmeh, nommé Abdelkérim, leva une armée d'Arabes et de Noirs récemment islamisés, défit le prince toundjour, le tua, se proclama sultan du Ouadaï et s'établit au Nord d'Abécher, à Ouara, où il régna de 1635 à 1655, convertissant de force à l'islamisme une partie des habitants. Comme les princes toundjour dont il avait pris la place, il payait tribut au Darfour.

Son fils Kharout (1655-1678) poursuivit l'islamisation du Ouadaï. Kharif (1678-1681) et Yakoub-Arous (1681-1707) essayèrent à plusieurs reprises de secouer la tutelle du Darfour ; le second réussit enfin à battre et à capturer Omar-Lélé, roi du Darfour. Après une lutte malheureuse contre le Baguirmi conduite par Mohammed Ez-Zaouni, la guerre entre le Ouadaï et le Darfour recommença sous Djoda (1745-1795), sous le règne duquel le premier de ces États étendit son influence sur une partie du Kanem.

Saboun (1803-1813), après avoir ravi le trône à son propre père Saleh-Derret ou Dered, se signala par des expéditions victorieuses contre le Baguirmi et contre ses vassaux révoltés du Tama. C'était un prince cruel et sanguinaire, qui périt assassiné par un inconnu. Son fils Youssef, dit Kharifine, fut peut-être plus barbare encore. Vers 1829, après une régence féminine qui fut marquée par les pires atrocités, Abdelaziz, petit-fils de Saboun, s'empara du pouvoir ; il eut à lutter contre de continuelles rébellions, qu'il noya dans le sang.

A sa mort (1835 environ), une armée du Darfour envahit le Ouadaï, à la suite de déprédations commises dans les provinces occidentales du premier de ces royaumes par des Ouadaïens que la famine poussait au pillage. Les troupes envoyées par Mohammed-Fadel, roi du Darfour, entrèrent dans Ouara et placèrent sur le trône du Ouadaï un nommé Mohammed-Chérif, qui s'engagea à accepter la suzeraineté du Darfour. Ce Mohammed-Chérif (1835-1858) paraît avoir été le seul souverain du Ouadaï qui se soit montré réservé en fait d'exécutions capitales. Il jouit d'un réel prestige et d'un pouvoir considérable. Il ne craignit pas de s'attaquer au puissant cheikh Omar, sultan du Bornou, qu'il battit à Kousseri et dont il obtint une contribution de guerre de 8.000 thalers. C'est lui qui transféra la capitale de Ouara à Abécher. Devenu aveugle, obligé de se défendre contre le Tama révolté et contre un de ses propres fils, il finit par mourir à demi-fou en 1858.

Un nommé Ali lui succéda, qui s'occupa surtout de favoriser le commerce avec la Méditerranée et de remettre de l'ordre dans le pays. Il reçut la visite de Nachtigal en 1873-1874, au moment de sa lutte contre Abou-Sekkine, *mbang* du Baguirmi. C'est lui qui fit construire, par deux Tripolitains, le palais royal d'Abécher et qui annexa le Rougna et le Kouti.

Le roi Youssef (1874-1898) laissa le Baguirmi reprendre son indépendance. C'est sous son règne que Rabah, venant du Bahr-el-Ghazal, fit irruption dans le Kouti (1879), puis dans le Rougna, razzia les dépendances méridionales du Ouadaï et installa comme sultan du Kouti et du Rougna le nommé Senoussi (1890). Ce dernier, une fois Rabah au Bornou (1894), accepta d'ailleurs la suzeraineté du Ouadaï, puis un peu plus tard celle de la France.

Ibrahim (1898-1901) périt des suites de blessures infligées par des rebelles. Abou-Ghazali (1901-1902) eut à lutter contre un de ses officiers, Acil, qui chassa le roi d'Abécher, puis se réfugia lui-même au Fitri, où il se mit sous la protection des troupes françaises. Doudmourra remplaça Abou-Ghazali. En 1909, nous prenions Abécher et placions Acil sur le trône du Ouadaï ; Doudmourra, réfugié dans le Nord du pays, continuait la lutte pendant deux ans et enfin nous faisait sa soumission en 1911. Quant à Acil, nous fûmes contraints de le déposer en 1912 ; il n'a pas eu de successeur.

Comme le Ouadaï, le Darfour[1], son voisin de l'Est, était autrefois sous l'autorité de Toundjour idolâtres. Le pouvoir fut usurpé au XVIe siècle par un musulman, Soloun-Slimân, qui était, dit-on, d'origine arabe par sa mère et qui fixa la capitale à Bir-Nabak. Omar-Lélé, son quatrième successeur, la transféra à Kabkabié ; c'est cet Omar-Lélé qui fut vaincu et fait prisonnier par le roi du Ouadaï Yakoub-Arous vers 1700. Après lui régnèrent Aboubekr, Abder-rahmân I, puis Téhérab, qui conquit et islamisa le Kordofan, puis Abderrahmân II, qui transporta la résidence royale à Tendelty, appelé par les Arabes El-Facher, et fut en relations avec Bonaparte durant la campagne d'Égypte (1798-1799).

Sous le règne de Mohammed-Fadel (1800-1840), le Kordofan échappa au Darfour pour être conquis et occupé par les troupes égyptiennes. Ensuite régna Hosseïn. Sous son successeur Haroun, le Darfour à son tour fut annexé au Soudan égyptien par Zobeïr-Pacha (1874) ; Haroun, s'étant révolté, fut vaincu et tué à Koulkoul par Slatin-Pacha, qui fut nommé gouverneur du Darfour (1879).

Le Kordofan ou Kordofal sépare le Darfour du Sennar, dont il est séparé lui-même par le Nil. Les habitants sont

1. J'emploie le mot *Darfour* pour me conformer à la tradition reçue ; en réalité, le nom du pays et de ses habitants est *Four* ou *Fôr* et l'expression *dar-Four*, employée par les Arabes, signifie « habitat des Four ».

des Noirs parlant plusieurs langues distinctes, dont certaines se rapprochent beaucoup, comme système, des parlers bantou. Ceux du Nord sont appelés Koldadji ou Koulfân, ceux du Sud Nouba ou Deyer. Ce mot *Nouba*, dont nous avons fait « Nubie » et « Nubiens », est proprement le nom du pays montagneux qui constitue la province méridionale du Kordofan et des indigènes de cette province, dont une fraction est depuis assez longtemps convertie à l'islamisme ; par extension, *Nouba* est devenu le surnom donné par les Arabes à tous les Noirs musulmans du Soudan oriental, tandis que les Noirs païens de la même région sont appelés, quelle que soit leur origine ethnique, Fertit au Darfour, Djénakhéra au Ouadaï et Kirdi au Kanem. D'autre part, on a donné en Europe le nom de « Nubie » à la région située le long du Nil entre Ouadi-Halfa et Khartoum (région de Dongola), parce qu'un certain nombre de Nouba s'y sont établis. Mais la véritable « Nubie » se trouve dans le Sud du Kordofan et il n'est pas inutile de le rappeler ici.

Gouverné au début par des Toundjour païens comme le Ouadaï et le Darfour, le Kordofan fut ensuite conquis par des Nouba musulmans dont le chef s'appelait Moussabba. Nous venons de voir qu'il fut annexé au Darfour sous le règne de Téhérab, qui réussit à propager l'islamisme parmi les Koldadji et établit un *magdoum* ou gouverneur à Bara, et qu'il lui fut enlevé sous Mohammed-Fadel par le *defterdar* égyptien Mohammed-Bey, qui fit d'El-Obeïd le chef-lieu de son gouvernement.

Il n'est guère possible, dans un tableau historique du Soudan oriental, de passer sous silence l'équipée de Rabah et le mouvement mahdiste de la fin du siècle dernier.

Zobeïr-Pacha, qui appartenait à la tribu arabe des Djaaline, avait été nommé gouverneur du Bahr-el-Ghazel vers 1875. Appelé au Caire pour y conférer avec les autorités égyptiennes, il confia sa charge à son fils Souleïmân. Ce dernier, desservi auprès de Gordon-Pacha par les gens de Dongola, ennemis des Djaaline, crut à de l'hostilité de la part du gouverneur général du Soudan, prit parti contre le gouvernement égyptien et favorisa la révolte de Haroun, sultan détrôné du Darfour. On envoya contre lui Gessi-Pacha, qui lui infligea une défaite sanglante.

Son principal lieutenant était alors Rabah, fils d'une négresse qui avait été la nourrice de Zobeïr-Pacha et, par conséquent, frère de lait de ce dernier. Lors de la déroute de Souleïmân, Rabah prit la fuite avec les survivants de l'armée de son maître et commença ses conquêtes au Nord-Ouest du Bahr-el-Ghazal (1878). Poussant vers l'Occident, il pénétra en 1879 chez les Banda, se rabattit en 1883 sur le Kouti, y installa en 1890 Senoussi comme sultan, se jeta en 1892 sur le Baguirmi et s'empara en 1893 de Bougoman, qui remplaçait alors Massénia comme capitale. La même année, il attaqua Hachem, sultan du Bornou, le vainquit et le mit à mort (décembre 1893). Puis il marcha sur le Gober, où s'était réfugié Aboubekr, neveu et successeur de Hachem ; arrêté par l'armée de l'empereur de Sokoto, il se retourna contre les petits États du Sud du Tchad, prit Goulfeï aux Bousso, Kousseri aux Mandara, Logone aux Kotoko, envahit de nouveau le Baguirmi en 1898, incendia Massénia, poursuivit le *mbang* près de Kouno, s'y heurta avec 8.000 hommes à une trentaine de miliciens commandés par l'administrateur Bretonnet (18 juillet 1899) et ne vint à bout de cette poignée de braves qu'après huit heures de combat. Le 22 avril 1900, il était battu à Kousseri par le commandant Lamy et tué à la fin du combat, qui coûta également la vie à son vainqueur. Son extraordinaire aventure avait duré vingt-deux ans et ruiné toute une partie du Soudan.

Comme Rabah, le mahdi et son khalife étaient des Soudanais. Mohammed-Ahmed, natif de Dongola, appartenait à une famille de Nouba. Il s'était proclamé mahdi en 1881, après avoir battu Rachid-Bey, gouverneur de Fachoda, dans les montagnes du Kordofan méridional, d'où sa famille était originaire et où il avait fixé sa résidence. En 1882, il remporte une nouvelle victoire sur une importante colonne égyptienne, puis s'empare de tout le Kordofan, dont le chef-lieu El-Obeïd tombe en son pouvoir en février 1883. Il attire dans un guet-apens l'armée de Hicks-Pacha, forte de 10.000 hommes, qui est entièrement massacrée à Chékân (Kordofan), le 4 novembre 1883. Slatin-Pacha, gouverneur du Darfour, et Lupton-Bey, gouverneur du Bahr-el-Ghazal, capitulent en 1884. Seuls, Emin-Pacha en Equatoria (Haut Nil) et Moustafa-Bey à Dongola continuaient à tenir bon ; Berber et le Sennar étaient entre les mains des « Derviches », comme on appelait les partisans du mahdi. Le 15 janvier 1885, celui-ci s'emparait d'Omdourmân, un faubourg de Khartoum, et, le 26 janvier, il entrait en vainqueur dans la citadelle de Karthoum et mettait à mort Gordon-Pacha. Il était dès lors le maître effectif des huit dixièmes de ce qui avait été, cinq ans plus tôt, le Soudan égyptien. Peu de temps après, il mourait de la fièvre typhoïde à Omdourmân.

Quant à Abdoullah, il appartenait à une tribu de Baggara (bouviers) du Darfour, métissée d'Arabes et de Nègres. Il s'était lié d'amitié avec le mahdi, dont il devint le principal conseiller et qui, au moment de mourir, le désigna

M. DELAFOSSE.

comme son « khalife », c'est-à-dire son représentant et son successeur (1885). Abdoullah écarta aussitôt les parents et les compatriotes du mahdi, Nouba de Dongola et du Kordofan, pour s'entourer de gens du Darfour, dont il fit venir plusieurs milliers à Omdourmân. Il organisa une puissante armée, qu'il envoya contre l'Abyssinie ; la ville de Gondar fut prise et pillée par les bandes du khalife et le *négous* Jean fut tué (1888). En 1892, les troupes d'Abdoullah s'établirent dans l'Equatoria, qu'Emin-Pacha avait quittée en 1889. Peu après, cependant, la puissance éphémère des « Derviches » commença à décliner : en 1896, les troupes anglo-égyptiennes réoccupaient Dongola et, en 1897, Berber ; le 10 juillet 1898, le capitaine Marchand, aujourd'hui général, s'emparait de Fachoda ; le *sirdar* Kitchener prenait Omdourmân le 2 septembre suivant et, en 1899, Abdoullah, réfugié au Kordofan, y était battu et tué par le colonel Wingate.

Nous venons de voir de quelle façon, plutôt désastreuse en général, s'est exercée l'influence musulmane sur les pays compris entre le Tchad et le Nil. De l'autre côté du grand fleuve africain, c'est une autre influence qui prédomina la plupart du temps, celle de l'Abyssinie chrétienne.

Celle-ci fut sans contredit considérable sur les populations nègres et négroïdes comprises dans les limites de l'empire abyssin ou voisines de ces limites. Si l'on songe à la part qu'a eue cet empire dans les destinées de l'Égypte ancienne ; si l'on se souvient qu'au moment de la naissance de Mahomet (570) il exerçait sa suzeraineté, par delà la Mer Rouge, sur le Yémen et qu'il envoya contre La Mecque une armée de près de 40.000 hommes ; si l'on pense à l'extraordinaire renommée dont jouissait en Europe au

Moyen-Age la puissance du fameux « Prète-Jean [1] » ;
si l'on réfléchit que cet État chrétien sut conserver sa religion à travers les siècles, à proximité des grands foyers
de l'islam, et la défendre contre les entreprises musulmanes
depuis l'époque de la conquête de l'Égypte par les premiers
khalifes jusqu'à la violente poussée des « Derviches »
d'Omdourmân, on est obligé de supposer qu'une pareille
force n'a pas pu ne point rayonner sur les peuples avec
lesquels elle s'est trouvée en contact.

De tout temps, l'empire abyssin a renfermé, entremêlées
les unes parmi les autres, des populations d'origines diverses
et fort mélangées. Les unes, qui détiennent le pouvoir,
sont considérées comme sémitiques et parlent, en tout cas,
des langues sémitiques, notamment les Tigraï, les Gou-
raghé et les Amhara ou Amhariques, auxquels appartient
la famille impériale, laquelle se prétend issue de Salomon
et de la reine de Saba. D'autres, rattachées en général au
rameau kouchite de la race dite hamitique, parlent des
langues qui ont certains points de contact avec les langues
nègres, telles les Agaou, les Bogos ou Bilen, les Saho, les
Kouara, les Kaffa et quantité de tribus englobées sous
le terme générique de *Sidama*. Certaines, comme les Falacha,
passent pour être d'origine israélite, bien qu'usant d'un
parler analogue à ceux des précédentes.

Quant aux peuples qui avoisinent l'Abyssinie proprement dite au Nord (Bichari ou Bedja), à l'Est (Danakil
ou Afar), au Sud-Est (Somali) et au Sud (Galla ou Oromo),
ils présentent les types les plus variés, parmi lesquels le

1. Et non pas « Prêtre Jean », comme on l'a écrit à tort. Cette appellation viendrait
de la traduction latine du titre de *belout* « précieux », que portait un *négous* du nom de
Jean. Sur une carte d'Abyssinie datant de 1627 figure la mention *Abissinorum sive Pretiosi
Ioannis Imperium* et le texte imprimé au dos porte : « les Princes s'appellent par les Maures
Asielabassi, en Ethiopie *Ioannes Belut*, c'est haut, ou précieux : vulgairement *Prete Iean* ».

type nègre domine souvent, et parlent, eux aussi, des langues qui semblent se rattacher en partie aux parlers négro-africains. En fait, toutes ces populations sont plus ou moins négroïdes d'aspect et chez toutes se manifeste, à des degrés divers, l'influence de la race noire ; celle-ci paraît surtout prépondérante chez les tribus les plus éloignées du plateau amharique ; elle devient à peu près unique chez les Massaï, qui font suite aux Galla et aux Somali dans la direction du Sud. Des invasions asiatiques diverses ont contribué d'ailleurs à multiplier les mélanges.

Les Danakil et les Somali sont, à l'heure actuelle, en majeure partie musulmans ; ce sont surtout des nomades, divisés en une multitude de petites tribus. Les Galla, à la fois agriculteurs et pasteurs, sont en majorité païens, mais beaucoup d'entre eux sont chrétiens ; on trouve chez eux des collectivités communales administrées par des conseils de notables. Ils étaient déjà constitués au temps des Pharaons ; très puissants au Xe siècle de notre ère, d'après Massoudi, ils se livrèrent à de grandes migrations aux XVe et XVIe siècles ; après avoir été longtemps des adversaires redoutables pour les *négous* d'Abyssinie, ils furent englobés au XVIIIe siècle dans l'empire de ceux-ci.

Au Sud des États musulmans du Soudan central et des populations, plus ou moins influencées par l'Abyssinie, du Soudan oriental, vivent de nombreux peuples en général fort arriérés, quelques-uns cannibales, chez lesquels l'islamisme n'a pas pénétré et qui, jusqu'à une époque récente, ont servi de réservoir d'esclaves aux princes mahométans du Nord. Tels sont les Gbari, Mounchi, Batta, Fali, Mboum, etc., du Sud du Haoussa et de l'Adamaoua ; tels sont également les Baya de la haute Sangha, les Mandjia de la Ouahme, les Banda du haut Oubangui, les Azandé ou Niam-

Niam qui leur font suite à l'Est, tous appartenant à un même groupe ethnique et linguistique ; tels encore les Sara, les Kenga, les Gabéri, etc. du Sud du Baguirmi, les Boulala et les Kouka du Fitri, les Bongo et les Kredj du haut Bahr-el-Ghazal et d'autres populations formant avec ceux-ci et avec les Baguirmiens un autre groupe ; tels aussi au Sud du Ouadaï les Rougna, au Sud du Darfour les Dinka, au Sud du Kordofan les Nouër et les Chillouk ; tels enfin, le long du haut Nil, les Bari, les Madi et les Mombouttou qui vivent à l'Ouest et au Nord du lac Albert, et, plus à l'Est et au Sud-Est, les Andorobbo et leurs cousins les Kouafi, les Houmba, les Tatourou et les Massaï.

Tous ces peuples ensemble constituent les représentants les plus méridionaux des groupes dits « soudanais » et sont limitrophes des fractions les plus septentrionales du groupe bàntou. La ligne de démarcation, très irrégulière, part de l'Atlantique dans la région des Calabars, au Nord-Ouest de Douala, pour suivre d'abord approximativement le 5° de latitude nord jusque vers la Sangha, puis le 3° jusque vers le lac Rodolphe, et s'incliner ensuite dans la direction du Sud de façon à atteindre l'Océan Indien vers le 5° de latitude Sud, entre Mombassa et Zanzibar.

BIBLIOGRAPHIE

Bruce, *Voyage aux sources du Nil, en Nubie et en Abyssinie pendant les années 1768 à 1772* (traduction Castera), Paris, 1790-92. — Denham, Clapperton et Oudney, *Voyages et découvertes dans le Nord et dans les parties centrales de l'Afrique* (traduction Eyriès et de Larenaudière), Paris, 1826, 3 vol. in-8. — Ibn-Omar El-Tounsy, *Voyage au Darfour* (traduction Perron), Paris, 1845, in-8. — Le même, *Voyage au Ouaday* (traduction Perron), Paris, 1851, in-8. — GUILLAIN, *Voyage à la Côte orientale d'Afrique*, Paris, 1846-1848, 2 vol. in-8. — Le même, *Documents sur l'histoire, la géographie et le commerce de l'Afrique Orientale*, Paris, 1856-57. — F. HOEFER, *Afrique Orientale et Afrique Centrale* (tome V de l'*Afrique*, dans la collection de l'*Univers Pittoresque*), Paris, 1848, in-8. — D'ESCAYRAC DE LAUTURE, *Mémoire sur le Soudan*, Paris, 1855-56, in-8. — H. BARTH, *Travels and discoveries in Northern and Central Africa*, London, 1857, 5 vol. in-8. — S. CHERUBINI, *Nubie* (tome III de l'*Afrique*, dans la collection de l'*Univers Pittoresque*), Paris, 1878, in-8. — G. NACHTIGAL, *Sahara und Sudan*, Berlin, 1879-1882, 3 vol. in-8. — J. THOMSON, *Through Masai Land*, London, 1885, in-8. — PH. PAULITSCHKE, *Beiträge zur Ethnographie und Anthropologie der Somal, Galla und Harari*, Leipzig, 1886, in-8. — Jules BORELLI, *Ethiopie méridionale*, Paris, 1890, in-4. — BRICCHETTI-ROBECCHI, *Tradizioni storiche raccolte in Obbia*, Roma, 1891, in-8. — M. DELAFOSSE, *Les Hamites de l'Afrique Orientale d'après les travaux les plus récents*, dans *L'Anthropologie*, Paris, 1894. — C. H. ROBINSON, *Hausaland*, London, 1896, in-8. — R C. SLATIN-PACHA, *Fire and sword in the Sudan* (translated by F. R. Wingate, 5th edition), London, 1897, in-8. — Dr R. VERNEAU, *Les migrations des Ethiopiens*, dans *L'Anthropologie*, Paris, 1899. — E. GENTIL, *La chute de l'empire de Rabah*, Paris, 1902, in-8. — A. CHEVALIER, *L'Afrique centrale française*, Paris, 1907, gr. in-8. — Cap. CORNET, *Au Tchad*, Paris, 1911, in-18. — Cap. MODAT, *Une tournée en pays Fertyt*, Paris, 1912, in-12 (publication du Comité de l'Afrique Française). — H. CARBOU, *La région du Tchad et du Ouadaï*, Paris, 1912, 2 vol. in-8. — Dr A. SCHULTZE, *The sultanate of Bornu* (translated by P. A. Benton), London, 1913, in-8. — G. BRUEL, *L'Afrique Equatoriale Française*, Paris, 1918, gr. in-8.

CHAPITRE VI

L'AFRIQUE MÉRIDIONALE

MORCELLEMENT DES BANTOU ET PEU D'IMPORTANCE DE LEURS ETATS. — LE CONGO. — L'ANSIKA. — LE *mataman*. — LES BETCHOUANA. — LE *monomotapa*. — QUILOA ET LES SULTA-NATS DU ZANGUÉBAR. — LES ROYAUMES DE L'INTÉRIEUR. — INFLUENCE DES EUROPÉENS ET DU CHRISTIANISME.

Au Midi de la ligne décrite à la fin du précédent chapitre, ligne qui se tient en général un peu au Nord de l'Équateur pour s'infléchir vers le Sud au moment d'atteindre l'Océan Indien, s'étend le domaine des Nègres du groupe *bantou*. Ceux-ci l'occupent à eux seuls, abstraction faite des Négrilles disséminés dans la zone équatoriale ou groupés en masses plus importantes dans le Sud-Ouest du continent, ainsi que des populations d'origine européenne qui ont colonisé l'Extrême-Sud de l'Afrique.

Les Bantou ont été de tout temps et sont encore morcelés en une infinité de peuplades n'ayant entre elles que des liens ethniques et linguistiques. Il ne s'est jamais constitué chez eux de vastes États comparables à ceux de la zone soudanaise, non point que les Bantou soient moins doués que les autres Noirs au point de vue social et politique ni que la passion du lucre et la soif du pouvoir, qui engendrent

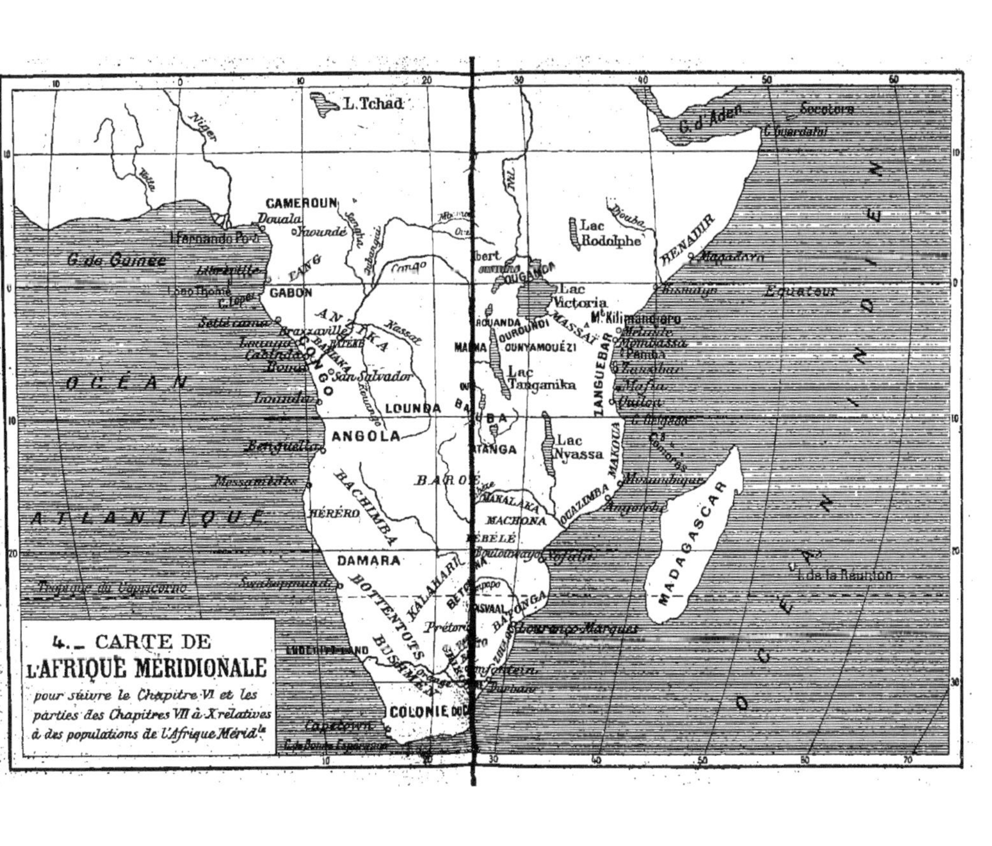

4. — CARTE DE
L'AFRIQUE MÉRIDIONALE
pour suivre le Chapitre VI et les
parties des Chapitres VII à X relatives
à des populations de l'Afrique Mérid^{le}.

les grands conquérants et les fondateurs d'empires, soient moins développés chez eux que chez les Soudanais, mais simplement parce que leur pays, couvert en grande partie de forêts épaisses et coupé par d'innombrables cours d'eau que les crues annuelles transforment en obstacles difficilement franchissables, est moins favorable que la steppe soudanaise aux grandes randonnées militaires et aux relations commerciales ou politiques de région à région ou de peuple à peuple.

Cependant, depuis que cette partie de l'Afrique a été révélée à l'Europe par les premiers navigateurs, on y a signalé l'existence d'une certaine quantité de royaumes qui, pour n'avoir jamais eu l'étendue territoriale ni l'influence à longue portée de l'empire de Ghâna ou de celui du Manding, n'étaient pas sans posséder quelque puissance, appuyée sur une organisation rudimentaire.

Tel est le cas des États qui, au XVIe siècle, et sans doute longtemps auparavant, s'échelonnaient le long des rives de l'Atlantique, de la hauteur de Fernando-Po au Cap de Bonne-Espérance. Le premier, parmi les plus renommés, était le royaume de Loango ou des Brama, compris entre le Cap Lopez et l'embouchure du fleuve Congo ou Zaïre. Ensuite venait celui que les Européens appelaient « l'empire » du Congo et dont la fondation remonterait au XIVe siècle. Son souverain, le *mani-congo*, exerçait son autorité au siècle suivant jusqu'à Setté-Cama au Nord et Benguella au Sud et, à l'Est, jusqu'au Kassaï et au haut Zambèze ; mais ses limites furent ramenées, vers le début du XVIe siècle, à Cabinda au Nord, à Loanda au Sud et au Kouango à l'Est. La capitale de l'État se trouvait à l'intérieur des terres, à Banza, aujourd'hui San-Salvador.

A l'Est du Loango et au Nord-Est du Congo se trouvait,

à cheval sur le fleuve, le royaume d'Ansika ou Anzikana, dont les habitants étaient pour la plupart des Batéké et des Bayaka. Ces derniers sont aujourd'hui répandus surtout à l'Ouest des Batéké ; ils auraient occupé autrefois la région située au Nord et à l'Est du Stanley-Pool et auraient gagné leur habitat actuel à la suite de migrations d'un caractère guerrier ; ils étaient anthropophages au XVIe siècle et fort redoutés des populations côtières [1]. Le roi d'Ansika portait le titre de *makoko* et résidait non loin du lieu où s'élève de nos jours Brazzaville.

Au Sud de « l'empire » du Congo s'étendait le long de l'Océan un État dont le chef était appelé *mataman* et dont la capitale se trouvait près de la ville actuelle de Mossamédès. Son territoire, qui allait au Nord jusqu'à Benguella et au Sud jusque près de la baie de Swakopmund, était peuplé de Bachimba, de Héréro, de Damara et, au Sud, de Hottentots.

L'ensemble des pays qui constituent maintenant l'Union Sud-Africaine (Colonie du Cap, Natal, Orange, Transvaal) formait un vaste État, d'ailleurs peu homogène, dont la population dominante, celle des Betchouana, exerçait une sorte de suzeraineté sur les Bassouto, les Zoulou et autres peuples bantou étroitement apparentés aux Betchouana, ainsi que sur les Hottentots et les Bushmen du Lüderitzland et du désert du Kalahari.

Sur la Côte Orientale, entre la baie de Lourenço-Marques et celle de Sofala, régnait le fameux *monomotapa*, dont le titre signifierait, d'après Avelot, « seigneur des hippopo-

---

1. Les premiers voyageurs qui entendirent parler des Bayaka les appelèrent *Iaca* ou *Iaga*, ce qui n'était que le nom véritable de cette peuplade, débarrassé du préfixe de pluralité *ba*. Certains auteurs ont prétendu assimiler ces *Jaga* aux Massaï et d'autres aux Galla, et leur faire accomplir, à travers toute l'Afrique, des randonnées qui semblent purement imaginaires.

tames » et dont l'État, fondé dès avant le Xe siècle, comprenait comme populations suzeraines les Matébélé et les Makalaka et comme populations vassales les Matonga et les Machona. Les Ouazimba, peuplade anthropophage et guerrière qui habitait à l'Ouest de Sofala, faisaient de fréquentes incursions dans ce royaume.

Tout le reste de la Côte Orientale, jusqu'au Cap Guardafui, était plus ou moins sous la dépendance des sultanats fondés par des Arabes de Mascate et des Persans de Chiraz et de Bouchir, avec le concours commercial d'Hindous de Bombay et du Malabar.

Le plus puissant de ces sultanats, dont les autres relevaient au moins nominalement, avait son siège à Quiloa, entre le Cap Delgado et l'île de Mafia. Fondé vers 980 par Ali, fils de Hassân, prince de Chiraz, il avait comme vassaux les sultans de Sofala, d'Angotche, de Mozambique, de Zanzibar, de Pemba, de Mombaz ou Mombassa, de Mélinde ou Malindi, de Kismayou et de Magadoxo (Bénadir). Dans la suite, les sultans de Sofala et de Zanzibar s'affranchirent de la tutelle de celui de Quiloa et le sultan de Zanzibar devint suzerain des établissements situés au Nord de son île.

Ces divers sultans arabes ou persans n'étaient pas à proprement parler des chefs d'État ; leur autorité ne s'exerçait que sur les colonies de musulmans d'origine asiatique établies auprès de leurs résidences respectives et sur les indigènes qui habitaient à proximité de ces résidences. Leur principale occupation était de recruter des esclaves que les chefs noirs en relations avec eux se procuraient au moyen de razzias et leur vendaient, et qu'ils expédiaient ensuite vers les ports de la Mer d'Oman et du Golfe Persique ou revendaient aux négriers portugais. La traite des

esclaves constituait à peu près le seul négoce et la seule
raison d'être des établissements musulmans de l'Afrique
Orientale et faisait leur prospérité. Point n'est besoin de
dire que celle-ci était purement matérielle, que seuls en
bénéficiaient les sultans, leur entourage et leurs clients et
qu'une telle situation, loin de profiter à la masse de la
population indigène, contribuait à la maintenir dans un
état de barbarie et de misère morale dont elle n'a pas réussi
encore à s'affranchir complètement.

L'ensemble des tribus noires répandues le long de la
Côte Orientale était connu des Portugais sous le nom de
Makoua et des Arabes sous celui de *Zendj*, ces deux mots
étant à peu près synonymes d'esclaves dans la bouche de
ceux qui les employaient. Du second fut formé le composé
Zendj-bar « pays des esclaves » dont nous avons fait Zanguebar et Zanzibar [1].

A l'intérieur s'étaient constitués des États indigènes au
moins aussi puissants que ceux de la côte A l'Est de « l'empire » du Congo s'étendait le royaume du Lounda, à cheval
sur les hautes vallées du Kassaï et du Zambèze, connu
sous le nom du royaume du *mouata-yamvo*. Entre celui-ci
et l'État du *monomotapa*, sur le moyen Zambèze, était le
royaume des Barotsé, au Nord duquel se trouvait celui du
Katanga, dans la région montagneuse où le fleuve Congo
prend sa source. Plus au Nord encore, on rencontrait, à
l'Ouest du lac Tanganika, le royaume de l'Ouroua ou des
Balouba et celui des Manyéma et, à l'Est du même lac,
le célèbre « empire » du *mouéné-mouézi* ou de l'Ounya-

---

[1]. Les Arabes donnaient de préférence le nom de *Zend* aux populations noires avec
lesquelles ils étaient en relations et dont ils tiraient leurs esclaves et celui de *Kafir* (païen),
dont nous avons fait « Cafre », à celles qui vivaient en dehors de leur zone d'action.
Quant à la dénomination de *Makoua*, elle s'applique proprement à une tribu du Mozambique.

mouézi, avec ses vassaux l'Ouroundi et le Rouanda. Enfin, au Nord du lac Victoria, fleurissait l'Ouganda, avec son vassal l'Ounyoro.

Tous ces États, royaumes nègres et sultanats arabes ou persans, se sont conservés jusqu'à nos jours ou, du moins, jusqu'à l'occupation du pays par les puissances européennes. Dans leur sein ou à côté d'eux, et souvent à leurs dépens, se sont produites des migrations de tribus dont aucune, semble-t-il, n'a eu l'importance qu'on a voulu parfois attribuer à certaines. Quelques peuples, à peu près inconnus des anciens navigateurs, se sont révélés par la suite à l'attention, comme, par exemple, celui des Fang ou Pahouins que l'on rencontre dans le Cameroun et le Gabon. Mais, d'une façon générale, l'état politique et social de l'Afrique noire méridionale paraît avoir subi bien peu de changements depuis le XVe siècle jusqu'au XIXe. Aucun des États mentionnés plus haut n'a exercé, en tout cas, une influence sérieuse sur le développement de la civilisation et n'a jeté, même momentanément, un lustre appréciable à l'intérieur même de ses limites normales.

D'autre part, l'action des usages européens importés par les colons portugais, hollandais, anglais, allemands, belges et français et celle de la religion chrétienne prêchée par les missionnaires catholiques et protestants ont eu plus de poids sur ces populations incomplètement formées et demeurées étrangères à l'emprise islamique qu'elles n'en ont eu au Nord des pays bantou. Grâce au grand nombre des Européens établis à demeure dans l'Afrique du Sud et à l'extension progressive que les Boers et autres « Afrikanders » ont donnée à leurs mouvements de migration vers l'intérieur des terres, la civilisation primitive des Zoulou, des Bassouto, des Betchouana, des Matébélé, des

Hottentots s'est parfois modifiée assez profondément, en même temps que se formaient de véritables populations de métis dans les colonies portugaises et hollandaises. Certains royaumes indigènes ont été fortement secoués par des querelles confessionnelles, par suite des rivalités entre néophytes catholiques et néophytes protestants ; ainsi, sous le règne de Mtessa, qui était catholique, l'Ouganda fut ensanglanté par une guerre de religion qui se continua sous Mouanga, successeur de Mtessa, et ne prit fin qu'en 1892 avec la conversion de Mouanga au protestantisme.

Ce sont là choses nouvelles, assurément, chez les Noirs de l'Afrique, et l'on peut dire que, dans une certaine mesure, l'européanisation d'une partie importante de l'Afrique Méridionale et le développement qui y a été donné à la christianisation, ont amené des résultats, non identiques certainement, mais comparables à ceux produits par l'islamisation d'une partie du Soudan occidental et central.

BIBLIOGRAPHIE

A. Thevet, *Cosmographie universelle*, Paris, 1575, 2 vol. in-fo.. — J. H. van Linschoten, *Descriptio totius Guineæ tractus, Congi, Angolæ et Monomotapæ*, Hagæ Comitis (La Haye), 1599. — O. Dapper, *Description de l'Afrique*, Amsterdam, 1686, gr. in-4. — P. Gio Cavazzi de Montecuccolo, *Istorica descrizione de tre regni Congo, Matamba e Angola*, Bologna, 1687. — Proyart, *Histoire de Loango et Kakongo et autres royaumes d'Afrique*, Paris, 1776. — Fr. Damberger, *Voyage dans l'intérieur de l'Afrique* (traduction Delamarre), Paris, an IX, 2 vol. in-8. — F. Hoefer, *Afrique australe, Afrique orientale et Congo* (tome V de l'*Afrique*, dans la collection de l'*Univers Pittoresque*), Paris, 1848, in-8. —

A. BASTIAN, *Ein Besuch in San-Salvador, der Hauptstadt des Königreichs Congo*, Bremen, 1859, in-8. — R. F. BURTON, *The lake regions of central Africa*, London, 1860, 2 vol. in-8. — DAVID LIVINGSTONE, *Explorations dans l'intérieur de l'Afrique Australe (1840-1856)*, traduction Loreau, 2ᵉ édition, Paris, 1873, in-8. — H. CAPELLO et R. IVENS, *De Benguella as terras de Iacca*, Lisboa, 1881, in-8. — Les mêmes, *De Angola a Contra-Costa*, Lisboa, 1886, in-8. — L. M. DEVIC, *Le pays des Zendjs ou la Côte Orientale d'Afrique au Moyen Age d'après les écrivains arabes*, Paris, 1883, in-8. — Sir H. JOHNSTON, *The Kilima-Njaro expedition*, London, 1886, in-8. — Le même, *British Central Africa*, London, 1897, in-8. — Le même, *The Uganda Protectorate*, London, 1902, 2 vol. gr. in-8. — J. MAC-CALL THEAL, *The beginning of South-African history*, London, 1889, in-8. — Le même, *History of South-Africa*, London, 1902, 5 vol. in-8. — A. WILMOT, *Monomotapa (Rhodesia), its monuments and its history*, London, 1896, in-8. — F. COILLARD, *Sur le Haut-Zambèze*, Paris et Nancy, 1898, in-8. — R. N. HALL, *Great Zimbabwe, Mashonaland, Rhodesia*, London, 1905, in-8. — R. AVELOT, *Les grands mouvements de peuples en Afrique : Jaga et Zimba*, dans *Bulletin de géographie historique et descriptive*, nᵒˢ 1 et 2, Paris, 1912. — Mgr LECHAPTOIS, *Aux rives du Tanganika*, Maison-Carrée (Alger), 1913, in-8. — G. BRUEL, *L'Afrique Equatoriale Française*, Paris, 1918, gr. in-8.

CHAPITRE VII

LES CIVILISATIONS MATÉRIELLES

DIVERSITÉ DES CIVILISATIONS MATÉRIELLES. — L'INFLUENCE
DU MILIEU. — L'HABITATION. — LE MOBILIER. — VÊTEMENT
ET PARURE. — LES PROFESSIONS.

Tous ceux qui ont voyagé dans l'Afrique noire et en
ont étudié sur place les habitants ont remarqué combien
ceux-ci diffèrent plus les uns des autres par les manifestations matérielles de leur activité que par leurs coutumes
sociales, leurs croyances religieuses et leurs caractères
intellectuels et moraux. Il y a à cela une raison qui paraît
évidente : la race est partout la même, à peu de chose près,
tandis que le milieu physique varie de région à région ;
or chacun sait que les influences du milieu physique se
font sentir surtout dans le domaine des faits matériels et
que ceux-ci, s'ils influent à leur tour sur la vie sociale et
morale des peuples, ne la modifient qu'à la longue et souvent d'une manière à peine perceptible.

C'est ainsi que, là où les grandes herbes abondent, les
toitures de paille dominent, tandis qu'on les voit remplacer
par des terrasses en argile dans les contrées plus arides ou
dans celles où la culture absorbe presque la totalité des
terres, ou par des feuilles de palmiers ou d'autres arbres

dans la grande forêt où l'herbe ne pousse pas. Mais cela n'empêche pas les toitures, qu'elles soient de paille, d'argile ou de feuilles, d'abriter des gens de même mentalité, imbus des mêmes croyances. Ici la demeure de la famille est constituée par un ensemble de huttes cylindriques réunies en cercle, là par un unique et vaste bâtiment aux chambres multiples ; mais, là comme ici, c'est toujours la même famille, basée sur les mêmes principes.

C'est pourquoi les peuples noirs de l'Afrique, qui présentent dans l'ensemble une unité si remarquable au point de vue moral et social, offrent par ailleurs une diversité si grande sous le rapport de l'habitation, du vêtement et de la vie matérielle en général.

Je dois me hâter de dire que la différence des milieux physiques et des situations économiques ne suffit pas toujours à expliquer cette diversité. Ainsi les Dioula de la région de Kong, pour prendre un exemple entre cent, se vêtent d'habillements amples et souvent élégants, tandis que la plupart des Sénoufo au milieu desquels ils vivent vont à peu près nus. Il y a là des motifs d'ordre historique qui interviennent : les Dioula de Kong sont originaires d'un pays du Nord où leurs ancêtres avaient appris à se vêtir des peuples de race méditerranéenne ou asiatique avec lesquels ils se trouvèrent longtemps en contact, tandis que les Sénoufo habitent depuis des milliers d'années la contrée où nous les voyons aujourd'hui ; les Dioula y ont importé des habitudes contractées au Massina et que les Sénoufo n'avaient pas eu l'occasion de contracter. Mais, de jour en jour, le contact des Dioula influe matériellement sur les Sénoufo et ceux-ci, à leur tour, commencent à adopter, de plus en plus nombreux, le port de la large culotte, de la grande chemise de dessus dite « boubou » et du bonnet, sans que ce changement de costume modifie en rien leur mentalité profonde, car l'habit ne fait pas le moine. On pourrait en dire autant des Noirs de la côte qui aiment à s'affubler de vestons et même de redingotes et qui, sous cette vêture parfois grotesque, demeurent ce que sont leurs congénères de l'intérieur, habillés d'un pagne ou d'une ficelle.

J'ai parlé tout à l'heure de l'habitation. Elle revêt chez les Noirs africains les aspects les plus variés, depuis la hutte hémisphérique entièrement construite en paille des Peuls nomades, proche parente de la tente par sa forme, qu'on abandonne lorsqu'on change de place le campement pour en reconstruire une autre ailleurs en quelques heures, jusqu'à l'immense château-fort dans lequel les Dagari et d'autres populations de la Volta Noire arrivent à loger jusqu'à 150 personnes et plus, sans compter le troupeau et les provisions de grains et d'eau.

Le type le plus répandu est peut-être la hutte cylindrique au mur d'argile coiffée d'une toiture conique en paille d'herbes sèches. On la rencontre dans les régions à savanes d'un bout à l'autre de l'Afrique noire. Souvent le type se modifie : ainsi, dans notre colonie de la Côte d'Ivoire, tandis que les Malinké ont conservé la forme commune, les Dan ont élevé le sommet du cône en vue d'aménager un grenier à l'intérieur et rapproché sa base du sol à un tel point qu'il est impossible de pénétrer dans la hutte sans se baisser presque jusqu'à terre ; les Sénoufo de la région de Koroko ou Korhogo ont accolé l'un à l'autre deux murs formant chacun un demi-cylindre et recouvert le tout d'une toiture qui revêt l'aspect d'un œuf sectionné dans le sens de sa longueur ; certains Koulango ont aménagé, au-dessous de l'argile du mur, un soubassement en pierres ; les Baoulé ont appliqué l'argile sur un clayonnage de bois qui constitue l'âme de la muraille et ont remplacé la forme circulaire par une ellipse, qu'ils ont partagée en plusieurs cases ; les Agni ont délibérément adopté la forme rectangulaire et la toiture à faîtière et à deux pans ; quelques populations côtières ont donné quatre pans à leurs toitures et construit leurs murs avec des nervures de palmier, sans avoir aucunement recours à l'argile. Et combien pourrait-on signaler encore de types intermédiaires !

L'autre modèle d'habitation, qui domine surtout chez certaines populations soudanaises (Sarakollé, Bambara, Bobo, Gourounsi, Dagari, Haoussa, etc.), se compose d'un mur quadrangulaire en argile et d'un toit plat constituant une terrasse, fait de rondins de bois reposant sur les murs par leurs extrémités et recouverts de terre battue. Quelquefois, comme à Dienné, ces maisons comportent un étage et des fenêtres ; ailleurs, comme chez les Dégha d'Assafoumo, à la Côte d'Ivoire, et chez les Palaka de la même colonie, elles sont extraordinairement basses, mais s'allongent jusqu'à occuper chacune tout le côté d'une rue ; ailleurs encore, comme près de la Volta Noire, elles revêtent l'aspect de ces sortes de châteaux-forts dont j'ai parlé plus haut, divisés en de nombreuses chambres dans chacune desquelles on accède, au moyen d'une échelle grossière, par un trou ménagé dans la terrasse.

Il me faudrait citer encore les grottes des Tombo creusées dans la falaise rocheuse et leurs maisons en pierres sèches, les constructions sur pilotis des Boudouma du Tchad, les abris en nattes des Somali, et une multitude d'autres types d'habitation.

Généralement, les maisons sont disposées de façon à former des groupes dont chacun sert de demeure à une famille, au sens étendu du mot. Dans ce but, une dizaine de huttes sont placées en cercle autour d'une cour centrale et réunies les unes aux autres par des barrières ou des haies d'épines ; les maisons ellipsoïdales ou rectangulaires sont bâties par trois, formant les trois côtés d'une cour carrée dont le quatrième côté est constitué par une barrière ; chacun des châteaux-forts ou des bâtiments démesurément allongés suffit à lui seul à abriter une nombreuse famille.

De petits édifices en argile, les uns ovoïdes, les autres cylindriques, coiffés d'un chapeau de paille et reposant sur des pierres qui les isolent du sol, s'élèvent en général près des habitations et servent de greniers.

En dehors des maisons ordinaires, on rencontre souvent des constructions qui jouent le rôle dévolu chez nous aux monuments publics de toutes catégories. Les uns sont des salles de réunion, d'autres sont les résidences officielles des chefs, d'autres enfin remplissent l'office de mosquée chez les musulmans. Ces bâtiments, parfois qualifiés de « palais » par certains voyageurs, ne sont souvent que d'immenses ruches de paille, comme la mosquée de Dinguiraye (Guinée Française), ou des hangars bien construits, comme la maison publique de Man ou l'ancienne salle d'audience du feu chef Bouaké, chez les Baoulé (Côte d'Ivoire). Quelquefois, ils ont un aspect plus monumental et ne manquent pas d'un certain cachet, comme la résidence du chef de Koroko, l'ancienne résidence royale d'Abomey et surtout les nombreuses mosquées à minarets pyramidaux ou coniques et à poutrelles débordantes que l'on peut voir dans presque tout le Soudan.

Le mobilier, toujours fruste, ne comporte guère que des lits, dont la plupart sont de simples nattes, des tabourets de formes diverses et des urnes et calebasses jouant le rôle de coffres, d'armoires et de récipients à tous usages. Trois mottes d'argile durcie ou trois pierres, disposées en triangle, marquent la place du foyer et servent à supporter la marmite. Des vases en terre et en bois, souvent ornementés et d'aspect gracieux, un grand mortier en bois avec son pilon ou une meule dormante composée de deux pierres, des spatules pour remuer la bouillie, quelques cuillers en bois, des corbeilles et paniers de modèles multiples, constituent les ustensiles de ménage. Une houe de fer à manche en bois très court, se manœuvrant à la main, tient lieu de charrue, de bêche et de pioche. Une herminette et une grossière cognée sont les outils du menuisier ; une barre de fer servant de marteau, une pierre plate remplaçant l'enclume, des pinces et un ingénieux soufflet fixe forment le matériel du forgeron. Des fusils, le plus souvent à pierre, ailleurs des arcs et des flèches empoisonnées ou non, des lances, des javelots ou des couteaux de jet aux formes compliquées et élégantes, des sabres courbes et des épées droites, des casse-tête et des massues sont les armes des chasseurs et des guerriers, dont certains usent en plus de boucliers en cuir ou en vannerie ; les pêcheurs se servent de filets divers (sennes, éperviers, verveux, etc.), de nasses et souvent de harpons, sans dédaigner même la ligne, tenue à la main sans l'intermédiaire d'une canne et ne comportant pas de flotteur.

C'est le vêtement qui, peut-être, présente d'une peuplade à l'autre la plus grande variété. Tantôt on aperçoit, surtout chez les musulmans, des Noirs engoncés dans des « boubous » et des manteaux de coton, de soie ou de velours, ornés de broderies d'un très joli travail ; tantôt le costume se réduit à une blouse courte et sans manches et à une sorte de caleçon de bain ; tantôt la blouse et le caleçon font défaut.

remplacés par un grand pagne de coton ou parfois d'écorce, qui se porte comme une toge romaine, ou par une simple bande d'étoffe passée entre les cuisses ; tantôt l'on n'aperçoit pas d'autre trace de vêtement qu'un étui dans lequel disparaît l'extrémité du membre viril, comme chez les Bassari de la haute Gambie, les Lobi et les Birifo de la moyenne Volta Noire, certains Betchouana du Transvaal, ou même une simple ficelle servant à relever le même membre, comme chez beaucoup de Bobo et de Dagari, ou encore un tablier de peau qui ne recouvre que la partie postérieure du corps, comme chez les Sara du Chari. De même pour les femmes, à côté de Ouoloves disparaissant sous cinq ou six pagnes multicolores et autant d'amples tuniques à longues manches, on peut rencontrer des dames sénoufo n'ayant d'autre vêtement qu'un paquet de feuilles ou de brins d'herbes, en passant par le cas le plus fréquent, qui est celui d'un pagne retenu autour de la taille et laissant le torse nu.

Quelle que soit la somptuosité ou l'indigence de leur costume, les femmes noires ont toutes un grand amour de la parure. Mais quelle diversité aussi dans ses manifestations ! Les bijoux d'or et d'argent, d'un poids généralement excessif, mais d'une facture souvent très fine et d'un modèle parfois très artistique, sont répandus à profusion sur le corps, la tête, les mains et les pieds de certaines élégantes du Sénégal, de la Guinée, de la Côte d'Ivoire et du Soudan ; des verroteries de toute espèce, des anneaux et des ornements d'ivoire ou de cuivre se voient à peu près partout ; souvent aussi, la mode commande de porter, enfoncés dans les lèvres, des bâtonnets de quartz, des fétus de paille, ou des disques d'ivoire ou de métal dont quelques-uns sont tellement larges que la lèvre qui les porte est transformée en un battoir.

Il est une autre sorte de parure, extrêmement commune chez les deux sexes, qui consiste à décorer la peau des joues, ou du front, ou du cou, ou de la poitrine, ou de toutes les parties du corps à la fois, de scarifications en traits ou en points affectant toutes sortes de formes, simples ou compliquées. Chez quelques tribus, il semble que certaines au moins de ces mutilations sont des marques ethniques ; chez beaucoup d'autres, elles n'ont pas d'autre but que d'augmenter la beauté du sujet qui les porte.

Un grand nombre de peuples nègres, tant païens que musulmans, pratiquent la circoncision sur les jeunes garçons et l'excision sur les petites filles. Cette sorte de mutilation, qui d'ailleurs n'est pas en usage partout, paraît destinée à consacrer le passage de l'enfance à la puberté et s'accompagne de rites d'initiation ayant un caractère social plutôt que religieux.

Il est peu de populations vraiment et entièrement nègres qui se livrent à l'élevage : celui-ci est en général l'apanage exclusif de peuplades ayant eu des Blancs parmi leurs ancêtres, comme les Peuls, les Galla, les Somali, quelques Sarakollé, ou, dans le Sud de l'Afrique, de populations négrilles telles que celle des Hottentots.

L'industrie est plus répandue et plus développée qu'on ne le croit couramment, même chez les tribus par ailleurs très arriérées. Elle est presque toujours le privilège de castes vivant en dehors de l'ensemble de la société, à la fois méprisées en raison de leur origine prétendue servile, choyées parce qu'elles sont indispensables à cause des métiers qu'elles sont les seules à exercer, et redoutées parce qu'on les croit en possession de nombreux secrets magiques. L'une se consacre à l'extraction et au travail du fer, une autre — ou la partie féminine de la première — à la fabrication de la poterie, une autre au travail du bois et de l'osier, une autre à la confection des ornements en cuivre, une autre à celle des bijoux d'or ou d'argent au moyen du procédé de la cire perdue ou de celui du chalumeau. A ces diverses catégories d'artisans, il convient d'ajouter celles des tisserands, des teinturiers, des tailleurs, des brodeurs, qui, elles, ne constituent pas en général de castes spéciales. Par contre, les musiciens, les chanteurs professionnels, les poètes forment des castes auxquelles les Européens donnent l'appellation générique de caste des « griots ».

Beaucoup de Noirs se livrent au commerce et surtout au commerce ambulant, notamment chez les Sarakollé ou Marka, les Dioula et les Haoussa, mais la masse de la population se consacre à peu près exclusivement à l'agriculture : la terre est à la fois la divinité primordiale et la principale raison d'être des Noirs de l'Afrique.

BIBLIOGRAPHIE

R. Hartmann, *Die Nigritier*, Berlin, 1876, in-8. — Le même, *Les peuples de l'Afrique*, Paris, 1880, in-8. — A. Hovelacque, *Les Nègres de l'Afrique sus-équatoriale*, Paris, 1889, in-8. — Ph. Paulitschke, *Ethnographie Nordost-Afrikas*, Berlin, 1893, in-8. — Dr Lasnet, *Les races du Sénégal* (dans *Une mission au Sénégal*, Paris, 1900, in-8). — Miss A. Werner, *The natives of British Central Africa*, London, 1906, in-8. — G. Bruel, *L'Afrique Equatoriale Française*, Paris, 1918, gr. in-8. (Ajouter à cette liste les diverses relations de voyage citées à la fin des chapitres précédents, notamment celles de Burton, Livingstone, Barth, Binger, etc.).

CHAPITRE VIII

COUTUMES SOCIALES

LA FAMILLE. — LES DEUX SYSTÈMES DE PARENTÉ. — LE MA-
RIAGE. — SORT DES ENFANTS ET DES VEUVES. — POLYGAMIE.
LA TERRE. — PROPRIÉTÉ COLLECTIVE ET PROPRIÉTÉ INDI-
VIDUELLE. — L'ESCLAVAGE. — LES DISTINCTIONS SOCIALES.

On dit communément que la famille est, chez les Noirs,
la base de la société. C'est assurément exact, mais il est
permis de se demander comment il en pourrait être autrement. Toutes les sociétés sont basées sur la famille ; l'on
peut dire seulement que le fait est d'autant plus visible
que l'état social est moins développé : les primitifs ne disso-
cient point la famille, les évolués tendent à ne plus considérer qu'individuellement les membres dont elle se compose.

Chez les Noirs de l'Afrique, le groupe auquel nous donnons particulièrement le nom de famille, c'est-à-dire le
groupe formé par le père, la mère et leurs enfants, n'a
qu'une importance secondaire. Souvent même il n'existe
pas, en ce sens que le mari d'une femme, chez beaucoup
de peuples noirs, n'est qu'époux et n'est pas père, attendu
qu'il n'a aucun droit sur les enfants nés de ses œuvres :
ces derniers, dans ce cas, appartiennent uniquement à la

famille de leur mère et c'est l'aîné des frères de celle-ci qui exerce sur eux des droits paternels et est responsable de leur vie et de leurs actions.

Je sais fort bien que les peuplades africaines chez lesquelles se rencontre ce système, poussé jusqu'à ses dernières limites, ne sont pas actuellement les plus nombreuses. Mais le fait qu'il s'en trouve et qu'il s'en trouve un peu partout incite à étudier la chose de près. Et l'on s'aperçoit alors que cette coutume, qui n'admet la parenté qu'en tige utérine, a dû être autrefois universellement observée chez les Nègres et qu'il en subsiste encore, à des degrés divers, des traces multiples et indéniables.

Les auteurs arabes qui nous ont parlé de Ghâna et du Manding à l'époque du Moyen Age font observer que, dans ces États, la succession se transmettait, non pas de père à fils, mais de frère à frère utérin ou d'oncle à neveu fils de sœur. D'après les traditions indigènes, ce seraient les Bambara qui, les premiers au Soudan, auraient rompu avec cet usage et c'est de là que viendrait leur nom — *ban-ba-ra* ou *ban-ma-na* signifiant « séparation d'avec la mère » —, tandis que ceux d'entre les Ouangara qui étaient demeurés fidèles à la vieille coutume auraient reçu le nom de Manding ou Mandé — *ma-nding* ou *ma-ndé* signifiant « enfant de la mère » —. De nos jours, la parenté masculine ou consanguine a persisté chez les Bambara et a triomphé chez les Sarakollé et chez une partie des Mandingues ou Malinké ; mais beaucoup de ces derniers n'admettent encore que la parenté féminine ou utérine comme conférant le droit d'hériter et il en est de même chez la plupart des Peuls et des Sérères et chez un nombre considérable de peuples noirs du Soudan, de la Côte de Guinée et de l'Afrique sub-équatoriale.

Ceci n'empêche pas d'ailleurs le rôle de chef de famille d'être rempli par un homme, quoiqu'il le soit quelquefois par une femme ; mais, chez les populations qui n'admettent que la parenté utérine, le chef de la famille est le frère utérin de la mère. Chez les autres populations, c'est le père.

Chez les unes comme chez les autres, le groupe formant à proprement parler la famille comprend tous les descendants vivants d'un même ancêtre commun — ancêtre féminin chez les premières, ancêtre masculin chez les secondes — ou du moins tous ceux de ces descendants qui habitent dans le même lieu ou qui sont demeurés en relations les uns avec les autres. Ainsi comprise, la famille est, on le conçoit, bien différente de ce que le mot représente habituellement à notre esprit. Les familles comptant des centaines de membres ne sont pas rares ; l'usage de la polygamie a souvent pour résultat de faire dépasser de beaucoup ce chiffre. L'unité sociale que constitue chacune d'entre elles se double d'une unité politique ; en matière de justice civile, comme en toute matière, la famille prime l'individu : la société noire est foncièrement collectiviste.

Chaque famille a un chef, le patriarche, qui est, d'une manière générale, le premier-né de la génération la plus ancienne. On le désigne souvent sous le nom de « père » ou de « grand-père », mais souvent aussi sous celui de « vieux » : c'est « l'ancien ». Il exerce sur tous les membres de la famille la même autorité qu'exerce chez nous le père sur ses enfants, mais son pouvoir ne s'étend pas en dehors de ces membres eux-mêmes ; il en résulte que, dans une famille basée sur la descendance masculine, les épouses des membres de la famille échappent à l'autorité du patriarche et, qu'inversement, dans une famille basée sur la descendance utérine, les maris des femmes membres de la famille n'appartiennent pas à celle-ci, mais aux familles de leurs mères. Il découle de ce principe des situations de fait assez compliquées : l'épouse doit obéissance à son mari, mais non au patriarche de qui relève son mari.

En réalité, nulle part chez les Noirs la femme n'est considérée comme incorporée à la famille de l'époux ; elle continue, après le mariage, à faire partie de sa propre famille, mais elle en est distraite momentanément au profit du mari et, par suite, au profit de la famille de celui-ci. C'est pourquoi la coutume universellement admise dans l'Afrique noire exige, pour qu'il y ait union valide et régulière, que la famille du futur verse à la famille de la future une indemnité, en compensation du tort causé à cette dernière famille par le prélèvement d'un de ses membres. Il n'y a pas, comme on l'a prétendu à tort, achat de la femme par le mari, puisque l'épouse ne cesse pas d'appartenir légalement à sa propre famille et ne devient nullement la chose de l'homme qu'elle a épousé ; il y a seulement versement d'une indemnité ou, plus exactement, d'une caution, laquelle d'ailleurs varie énormément selon les pays et selon la condition des futurs époux, pouvant aller de plusieurs milliers de francs à un objet qui ne vaut que quelques centimes ; dans ce dernier cas, il n'y a plus que l'accomplissement d'une simple formalité, exigée par le respect des traditions coutumières.

Dans certaines régions a subsisté une habitude qui était générale autrefois et qui consistait à remettre à la famille de la future une véritable compensation en nature sous les espèces d'une autre femme : la sœur du futur était donnée en mariage au frère de la future.

Lorsqu'il y a rupture du mariage par suite de divorce, l'épouse répudiée retourne dans sa famille, qui restitue à la famille de l'ex-époux le cautionnement qu'elle avait reçu d'elle. Tel est au moins le principe ; il peut subir des atténuations du fait de circonstances particulières. Quant aux enfants nés de l'union rompue, ils appartiennent à la famille de la mère chez les populations qui n'admettent que la parenté utérine ; chez les autres, ils sont généralement attribués au père, mais à condition que la famille de celui-ci renonce au remboursement de la caution versée. Parfois, lorsqu'il y a plusieurs enfants, on procède à un partage amiable entre les deux familles.

Les enfants non émancipés, c'est-à-dire célibataires — car l'émancipation ne peut résulter que du mariage —, font partie de la succession de celui de leurs auteurs auquel les unissent les seuls liens de parenté reconnus par la coutume locale. Là où la parenté en tige utérine est seule admise, les enfants ne changent pas de condition à la mort de leur père, qui est considéré comme ne leur étant rien ; à la mort de leur mère, ils sont attribués à l'héritier de celle-ci, c'est-à-dire en général à l'aîné de ses frères utérins, lequel exerçait déjà sur eux les droits paternels du vivant de sa sœur. Là où la parenté consanguine est au contraire la seule que l'on reconnaisse, les enfants, appartenant légalement à leur père, ne changent pas de condition à la mort de leur mère ; lors du décès du père, ils sont attribués à l'héritier de celui-ci, qui peut être l'aîné de ses frères ou l'aîné de ses fils : dans ce dernier cas, c'est l'aîné des enfants qui devient le père légal de ses frères, sous la tutelle de quelque parent âgé s'il est encore un enfant.

Aussi a-t-on pu dire à juste titre qu'il n'y a pas d'orphelins chez les Noirs. On pourrait ajouter qu'il n'y a pas non plus de veuves, ou tout au moins de veuves exposées à la misère, puisque la veuve retourne dans sa famille et reste à la charge de celle-ci tant qu'elle n'est pas remariée, à moins qu'elle ne fasse partie, ainsi qu'il arrive souvent, de la succession de l'époux défunt et ne tombe à la charge de l'héritier de celui-ci.

La polygamie est partout autorisée, mais elle n'est pas de pratique constante. En fait, le nombre des épouses est proportionné à la richesse du mari. Le cautionnement à verser pour la première femme est généralement payé par le père ou le chef de famille du futur, qui, n'étant pas marié encore, n'est pas émancipé ; mais, pour les autres, c'est au mari lui-même à faire face à la dépense : aussi les pauvres sont-ils presque tous monogames par nécessité.

Disons un mot des biens, en commençant par les biens fonciers. La terre, selon la conception indigène, n'appartient à personne ; elle n'appartient pas non plus à tous, ainsi qu'on l'a souvent dit à tort. En droit, elle est considérée comme la chose des premiers occupants, en l'espèce des Négrilles autochtones ou des divinités locales qui les ont remplacés ou sont censées les représenter. En fait, la terre est un dieu, que personne ne songerait à s'approprier et encore moins à vendre ou à acheter. Mais, par des offrandes ou des sacrifices réglés par des rites consacrés, la famille noire arrivée la première sur un terrain inoccupé a obtenu de la divinité locale le droit et le privilège d'user de ce terrain, droit et privilège qui se transmettent dans cette même famille de génération en génération.

Nul individu, nulle collectivité n'a donc sur le sol des droits de propriété réelle et nul ne peut aliéner un sol dont il n'est pas propriétaire. Mais il existe, entre les mains de collectivités ethniques déterminées, constituées chacune par les descendants de la famille arrivée la première sur le terrain et ayant accompli les rites nécessaires, des droits d'usage et d'exploitation que la collectivité titulaire peut céder en tout ou en partie, à titre gracieux ou onéreux, à d'autres collectivités ou à des particuliers, à condition toutefois d'en obtenir l'autorisation de la divinité par l'accomplissement de nouveaux rites.

Chaque collectivité propriétaire des droits d'usage et d'exploitation d'un terrain donné a un chef, qui est généralement le patriarche de la famille la plus ancienne et qui porte le titre de « maître de la terre ». Il est à la fois le grand-prêtre de la religion locale et l'administrateur du sol ; il n'est pas nécessairement le chef politique du pays. Le fait pour lui et sa collectivité de tomber sous le joug d'un conquérant individuel ou collectif ne lui enlève rien de ses prérogatives religieuses et terriennes et c'est pourquoi, dans beaucoup de villages, de cantons ou de royaumes, on trouve, à côté d'un chef politique qui tient en mains les rênes de l'État, un « maître de la terre » qui peut n'être qu'un pauvre hère, mais qui jouit d'un prestige intangible et sans lequel le chef politique ne peut rien faire lorsqu'il s'agit d'un sacrifice à offrir aux divinités du lieu ou d'une répartition à faire des terrains de culture. La conquête ne donne aucun droit sur le sol conquis : c'est un principe qui n'a jamais cessé d'être respecté par les plus fameux conquérants noirs.

Tout ce qui n'est pas la terre peut être possédé en toute propriété, avec faculté d'aliénation, soit par des collectivités, soit par des individus. La source de la propriété réelle est le travail : le produit d'un travail devient la propriété effective de l'auteur du travail, lequel peut disposer de ce produit comme il l'entend, le donner ou le vendre, le prêter à intérêt ou sans intérêt. S'il s'agit d'un individu, le produit de son travail constituera, à sa mort, sa succes-

sion ; le fait d'avoir acheté un bien, de l'avoir reçu en dona-
tion ou d'en avoir hérité confère les mêmes droits que le
fait de l'avoir créé par son propre travail. Si l'auteur du
travail est une collectivité, le produit de ce travail constitue
un bien collectif, sur lequel aucun des membres de la collectivité, y compris son chef, n'a de droit spécial et dont
il ne peut être disposé qu'avec l'agrément de la collectivité
tout entière ou de ses représentants autorisés : tel est le
cas du bien de famille, dont le patriarche, chef de famille,
n'est que dépositaire et administrateur.

Le cultivateur n'est pas propriétaire du sol qu'il cultive,
mais il l'est des céréales qu'il a semées et récoltées, au
même titre qu'il peut l'être du salaire qu'il a gagné en tra-
vaillant pour le compte d'un autre, des bœufs ou des esclaves
qu'il a achetés ou des richesses qu'il a acquises par héritage.

L'esclavage a existé sans doute de tout temps chez les
Nègres, quoiqu'il se soit surtout développé à l'instigation
des étrangers : habitants de l'Afrique du Nord et de l'Asie
antérieure autrefois, négriers européens et américains à
une époque plus récente. Il est aboli aujourd'hui par les
nations colonisatrices, qui ont fini par brûler ce qu'elles
avaient adoré ; il l'est plus effectivement encore du fait
de la disparition des conquérants chasseurs d'esclaves et
de la cessation des guerres de tribu à tribu : car, en dehors
de quelques peuplades misérables chez lesquelles il arrivait
à des parents de vendre leurs propres enfants pour se
procurer des vivres, il n'y a jamais eu dans l'Afrique noire
d'autres esclaves que des personnes capturées à la guerre.
Celles-ci devenaient la propriété de celui qui les avait capturées, lequel pouvait les garder pour lui-même ou les vendre.

En droit, les esclaves étaient donc bien un bétail. En
fait, à l'exception de ceux qui étaient destinés aux négriers

et qui constituaient une véritable marchandise, ils étaient traités par leur maître à peu près sur le même pied que les membres de sa famille, devenaient souvent ses hommes de confiance et parfois étaient affranchis par lui de sa propre initiative.

Quant aux enfants nés d'esclaves, ils ne pouvaient être vendus et faisaient partie intégrante et inaliénable du bien de famille, et il en était de même de leurs descendants à perpétuité. Ces descendants d'esclaves sont devenus des sortes de serfs agraires qui, beaucoup plus nombreux souvent que leurs seigneurs, constituent aujourd'hui ce que l'on pourrait appeler le bas-peuple, tandis que les gens en mesure de prouver que leurs ancêtres ont toujours été libres ne sont la plupart du temps qu'une minorité et forment la noblesse.

BIBLIOGRAPHIE

Clozel et Villamur, *Coutumes indigènes de la Côte d'Ivoire*, Paris, 1902, gr. in-8. — Miss A. Werner, *The natives of British Central Africa*, London, 1906, in-8. — N. W. Thomas, *Anthropological report on the Edo-speaking peoples of Nigeria, Part I, Law and custom*, London, 1910, in-8 — Le même, *Anthropological report on the Ibo-speaking peoples of Nigeria, Parts I and IV*, London, 1913 et 1914, 2 vol. in-8. — Le même, *Anthropological report on Sierra-Leone, Part I, Law and custom of the Timne and other tribes*, London, 1916, in-8. — M. Delafosse, *Haut-Sénégal-Niger (Soudan Français)*, Paris, 1912, 3 vol. in-8 (3° vol., *Les civilisations*). — D' Ad. Cureau, *Les sociétés primitives de l'Afrique équatoriale*, Paris, 1912, in-18. — Ch. Monteil, *Les Khassonké*, Paris, 1915, in-8. — G. Le Testu, *Notes sur les coutumes Bapounou*, Caen, s. d. (1920), in-8.

CHAPITRE IX

CROYANCES ET PRATIQUES RELIGIEUSES

ISLAMISME, CHRISTIANISME ET ANIMISME. — SOUFFLE VITAL.
ESPRITS PERSONNELS DES HOMMES ET DES CHOSES. —
CULTE DES DÉFUNTS. — CULTE DES DIVINITÉS PHYSIQUES.
CROYANCE EN UN DIEU SUPRÊME. — SUPERSTITION, MAGIE
ET SORCELLERIE.

On fait en général à l'islamisme une part très exagérée
en ce qui concerne l'étendue et l'importance de son domaine
dans l'Afrique noire. Il n'a guère pénétré d'une façon profonde et efficace que les populations nègres ou négroïdes
qui vivent en bordure du Sahara ; ses adeptes deviennent
de plus en plus rares au fur et à mesure que l'on s'avance
vers le Sud et, même dans la région que nous appelons communément le Soudan, il est loin d'être la religion numéri-
quement dominante. L'on peut dire que les seuls peuples
d'Afrique qui soient en majorité musulmans, en dehors
des populations de race blanche de l'Égypte, de la Berbérie
et du Sahara, sont les Ouolofs — lesquels sont d'ailleurs
d'islamisation récente, exception faite des Lébou de Dakar
—, les Toucouleurs, les Foula du Fouta-Diallon, les Sarakollé, les Dioula, les Songoï, les Kanouri du Bornou, les
Kanembou, les Téda du Kaouar, du Tibesti et du Borkou,

quelques-unes des tribus du Ouadaï, du Darfour et du Kordofan, les Bichari, les Danakil, les Somali et certaines collectivités des îles et de la côte du Zanguebar formant un total d'individus très restreint. Les Peuls, les Mandingues, les Soussou, les Yorouba, les Haoussa, les Baguirmiens sont en partie musulmans et en partie païens. Des fractions du peuple des Galla et d'autres populations négroïdes de l'Abyssinie ou de son voisinage sont chrétiennes, d'autres sont païennes, quelques très rares autres sont musulmanes.

Tout le reste, c'est-à-dire l'immense majorité de la population noire de l'Afrique, est païen, si l'on en excepte quelques centaines de milliers de chrétiens dispersés çà et là à proximité des établissements des missionnaires catholiques ou protestants, notamment sur la côte du Sénégal, à Sierra-Leone, au Libéria, à la Côte d'Or, au Dahomey, à Lagos, à Douala et Yaoundé dans le Cameroun, à Libreville, dans l'Angola, sur les territoires de l'Union Sud-Africaine, au Mozambique et dans l'Ouganda. Il ne semble pas qu'il existe un seul peuple noir qui se soit converti en bloc au christianisme.

Il convient d'ajouter que, dans l'ensemble, les Noirs musulmans et les Noirs chrétiens demeurent fidèles à bon nombre de leurs croyances ancestrales et à beaucoup des rites de leur ancien paganisme.

En quoi consiste ce paganisme, ou soi-disant tel, qui est la religion de presque tous les Nègres et qui, à cet égard, mérite plus d'intérêt qu'on ne semble lui en avoir porté jusqu'à présent ? On le qualifie généralement de « fétichisme », mais le fétichisme, c'est-à-dire la croyance à la vertu des fétiches ou talismans, n'est pas une religion ; ce n'est que l'un des aspects les plus apparents de l'universelle superstition. On rencontre du fétichisme dans toutes les religions, même les plus évoluées et les plus dégagées de la matière, et les Noirs chrétiens comme les Noirs musulmans sont aussi fétichistes que les Noirs païens : ils ont seulement plus de « fétiches », car ils ont conservé ceux du paganisme et y ont ajouté ceux qu'ils ont trouvés dans nombre de pratiques, peu canoniques d'ailleurs, du christianisme et de l'islamisme.

La religion des Noirs de l'Afrique est en réalité l'*animisme*, c'est-à-dire la croyance à la toute-puissance des esprits, auxquels le fidèle rend un culte consistant en prières, offrandes et sacrifices, en vue de s'attirer leurs faveurs, de détourner de lui-même leur colère ou de l'appeler sur ses ennemis.

Que sont ces esprits ? Ce n'est pas l'esprit du bien et l'esprit du mal, ce ne sont pas de bons esprits et de mauvais esprits. L'animisme des Noirs n'a rien de dualiste et ce qui a conduit plusieurs missionnaires à le présenter sous cet aspect ne peut être qu'une réminiscence subjective de l'opposition faite par certains chrétiens entre Dieu et le Diable.

Les Nègres africains croient que tout être animé renferme en lui, en plus de son corps, deux principes immatériels. L'un, sorte de souffle ou de fluide vital, n'a pas d'autre rôle que d'animer la matière et de lui communiquer la vie et le mouvement ; c'est un principe sans individualité ni personnalité propres, qui est éternel en ce sens qu'il est antérieur au corps qu'il anime présentement et lui survivra pour aller en animer un autre, et ainsi de suite jusqu'à la fin des temps. Comme la matière, il est divisible à l'infini et peut se dissocier en divers éléments dont chacun suffit, seul ou combiné avec un autre élément venu d'ailleurs, à animer un corps donné. Lorsqu'un homme vient à mourir, c'est que le souffle vital a abandonné son enveloppe charnelle pour aller immédiatement créer une nouvelle vie soit dans un fœtus humain ou animal en gestation soit dans une pousse végétale en germination. Bien entendu, cette sorte de fluide sans personnalité, sans intelligence, sans volonté, que l'on pourrait comparer à un courant électrique, n'est l'objet d'aucun culte. C'est un esprit si l'on veut, mais seulement au sens étymologique du mot (*spiritus* « souffle »).

Le second principe est bien différent : né avec le corps qui l'abrite et en même temps que lui, il constitue la véritable personnalité de l'être auquel il communique la pensée, la volonté et la force d'agir ; le souffle vital permet aux membres d'un homme ou d'un animal de se mouvoir, à la sève d'un arbre de circuler dans ses vaisseaux, mais ce mouvement et cette circulation ne sauraient s'accomplir s'ils n'étaient ordonnés par l'esprit. S'il arrive qu'un jour le contrôle du souffle vital échappe à l'esprit et que, comme conséquence, ce souffle quitte son enveloppe et que la mort s'ensuive, c'est qu'un autre esprit plus fort a neutralisé le premier : voilà pourquoi tout décès est attribué par les Noirs, non à des causes matérielles, qui n'en sont pour eux que les causes secondes et occasionnelles, mais à l'influence psychique d'un esprit malintentionné, seule cause première et réelle de la mort.

Après le décès d'un être jusque-là animé, son esprit seul demeure, et il demeure tel qu'il était du vivant de cet être, avec la même personnalité, le même caractère, les mêmes affections et les mêmes haines. Seulement il n'a plus de souffle vital à commander ni d'enveloppe charnelle limitant sa fantaisie et il n'en devient que plus puissant, n'étant plus gêné dans son action par la nécessité de diriger la vie du corps et de se guider en quelque sorte sur le souffle vital. Aussi le divinise-t-on alors et c'est là qu'il faut trouver l'origine du culte des défunts ou plutôt des esprits des défunts, des mânes des ancêtres.

Si tout être animé — homme, animal ou végétal vivant — possède les deux principes dont il vient d'être parlé, les êtres inanimés — défunts, animaux ou végétaux morts, minéraux solides, liquides ou gazeux — sont naturellement dépourvus du souffle vital, ce qui n'a aucune importance au point de vue religieux, mais sont doués chacun d'un esprit personnel, intelligent et agissant, d'autant plus efficace ou redoutable, ainsi que je le disais tout à l'heure, qu'il n'a pas à se préoccuper du corps inerte qui n'est que sa représentation matérielle et auquel ne le lie pas l'obli-gation de contrôler le jeu d'un souffle vital absent. Ce corps d'ailleurs peut se dissocier, ainsi qu'il arrive pour les cadavres, et l'esprit n'est pas tenu d'en faire sa demeure constante.

Qu'il s'agisse de l'esprit d'un défunt ou de celui d'une montagne, d'un bloc de pierre, d'un gouffre, d'un fleuve, du ciel, de la pluie, du vent, de la terre et surtout d'une terre déterminée, de la parcelle du sol sur laquelle on habite et de laquelle on vit, c'est toujours pour les Noirs la même nature d'esprit, c'est toujours un principe invisible mais qui voit tout, qui se rend compte de tout, susceptible, qu'on peut offenser sans le vouloir, irascible également et capable de faire expier durement les offenses même invo-lontaires qui lui ont été faites, mais faible et vaniteux aussi comme l'homme qui l'a créé à son image et se laissant émouvoir et amadouer par des prières et des offrandes ou fléchir par des sacrifices propitiatoires.

Tel est le fondement de la religion animiste répandue parmi les Noirs depuis le Sahara jusqu'au Cap de Bonne-Espérance. Elle englobe dans le même culte les innombrables esprits des ancêtres des hommes et les non moins innombrables esprits des phénomènes de la nature, promus les uns et les autres au rang de divinités.

Celles-ci ont leurs prêtres, qui sont les patriarches pour le culte des ancêtres, les « maîtres de la terre » pour le culte de la terre et des eaux, et un clergé particulier, initié dans des sortes d'écoles aux rites plus ou moins secrets de certains cultes plus spécialisés. Elles ont aussi leurs temples, qui sont parfois des huttes où l'on conserve les restes ou les ossements des morts ou bien les objets consacrés au culte des divinités spéciales, souvent des arbres ou des bois sacrés, fréquemment des rochers aux formes bizarres ou des grottes à l'aspect mystérieux. Elles ont leurs autels, qui peuvent être une sorte de banc en terre battue, un pieu de bois ou un cône d'argile supportant le vase à offrandes, le pied d'un arbre, une urne renversée, une pierre plate, un bassin en cuivre placé sur une manière de pyramide, etc. Elles ont leur matériel de culte, statuettes représentant les défunts, objets divers leur ayant appartenu, paniers remplis d'ossements, vases à libations, couteaux de sacrifice, clochettes ou crécelles destinées à évoquer l'esprit ou à convoquer les fidèles, tambours sacrés et surtout masques en bois qui affectent la forme de monstrueuses têtes d'animaux et dont se coiffent, dans certaines cérémonies, les officiants qui sont censés incarner la divinité elle-même.

On offre en général aux esprits le sang de victimes qui sont des poulets, des chiens, des chèvres, des brebis et qui, autrefois, étaient souvent des êtres humains [1]. L'autel est arrosé avec ce sang, ainsi que les objets consacrés au culte, et on y répand les plumes ou les poils de la victime, qui s'agglutinent avec le sang. Dans les sacrifices modestes et courants. la victime est remplacée par un œuf, dont le contenu joue le rôle de sang et la coquille celui de plumes ou de poils.

La question n'est pas complètement tranchée de savoir si les Noirs de l'Afrique, en dehors de toute influence musulmane ou chrétienne, croient à un Être Suprême, à un Dieu unique. Il semble bien que cette croyance est à peu près universelle chez eux, mais elle est d'ordre cosmogonique plutôt que d'ordre religieux. Ils admettent que le monde et les êtres qu'il renferme, y compris les esprits, ont été créés par un Être supérieur dont ils reconnaissent l'existence, mais dont ils se désintéressent parce qu'ils ne sauraient comment entrer en relations avec lui et parce que lui-même se désintéresse du sort de ses créatures, n'ayant rien du Dieu-Providence des religions occidentales. Aussi l'Être Suprême n'est-il jamais l'objet d'un culte quelconque chez les animistes africains, à moins qu'il ne soit identifié avec le Ciel, divinité génératrice qui féconde le sol au moyen de la pluie, ou avec la Terre, divinité fécondée et productrice.

J'ai plusieurs fois entendu des Noirs païens désigner les musulmans par une expression signifiant littéralement « ceux qui invoquent Dieu » ; le fait que des hommes pussent s'adresser à Dieu leur paraissait surprenant et ne contribuait pas peu à rehausser le prestige dont jouissaient auprès d'eux les mahométans.

1. Les sacrifices humains se pratiquaient couramment à Ghâna au XIe siècle, au témoignage de Bekri. Nous les avons trouvés en vigueur, à des degrés divers et un peu partout, au moment de notre prise de possession des pays noirs. Ils n'ont pas encore complètement disparu de nos jours.

Comme je le disais plus haut, la superstition règne chez les Noirs comme chez tous les hommes, plus souverainement encore chez ces peuples ignorants, que le mystère impressionne au plus haut point, que chez des populations que la nature plus positive de leur esprit, une instruction plus généralisée et une religion plus abstraite ont pu débarrasser en partie de cette plaie de l'humanité. La croyance, aussi naïve qu'indéracinable, aux vertus des amulettes et des talismans est légendaire chez les Nègres. Il n'en est pas un, quelle que soit sa religion, qui ne porte sur lui plusieurs « gris-gris » dont l'un doit le préserver de telle maladie, un second du mauvais œil, un troisième de l'esprit irrité de son aïeul laissé sans sépulture, tandis qu'un autre doit lui procurer l'amour de la femme qu'il aime, ou la générosité du maître qu'il sert ou même, s'il est fonctionnaire, un avancement rapide. Mais ce sont là des manifestations d'une crédulité essentiellement humaine et nous en pouvons voir à peu près autant autour de nous.

Les fabricants d'amulettes, les magiciens et les sorciers ont beau jeu en un tel milieu. De nombreux devins prédisent l'avenir ou révèlent les choses cachées, au moyen de procédés dont plusieurs ressemblent étrangement à ceux qu'emploient nos diseuses de bonne aventure. L'envoûtement, sous diverses formes, est pratiqué sur une grande échelle. Des gens passent pour avoir reçu en naissant le pouvoir de tuer ou de rendre malade à distance, grâce à de mauvais sorts qu'ils jettent, parfois inconsciemment, sur leurs ennemis ou sur des inconnus ; ces jeteurs de sorts sont naturellement très redoutés ; des divinités spéciales, dont le culte comporte des rites étranges, mystérieux et compliqués, ont été inventées et des sociétés secrètes se sont créées en vue de découvrir ces sorciers, d'annihiler ou au moins de contrebalancer leur pouvoir, et au besoin de les mettre à mort.

Telle est, avec sa sereine logique dans le principe et ses ombres souvent sanglantes dans l'application, avec aussi ses déformations dégradantes, la religion à laquelle sont profondément attachés les Noirs de l'Afrique.

BIBLIOGRAPHIE

A. B. ELLIS, *The Tshi-speaking peoples of the Gold Coast of West-Africa*, London, 1887, in-8. — G. BINGER, *Esclavage, islamisme et christianisme*, Paris, 1891, in-12. — A. LE CHATELIER, *L'islam en Afrique occidentale*, Paris, 1899, in-8. — O. HOUDAS, *L'islamisme*, Paris, 1904, in-18. — L. DESPLAGNES, *Le plateau central nigérien*, Paris, 1907, in-8. — J. HENRY, *L'âme d'un peuple africain : les Bambara*, Münster (Wien), 1910, in-8 (Bibliothèque Anthropos). — R. E. DENNETT, *Nigerian studies or the religious and political system of the Yoruba*, London, 1910, in-8. — MGR LE ROY, *La religion des primitifs*, Paris, 1911, in-18. — M. DELAFOSSE, *Souffle vital et esprit dynamique chez les populations indigènes du Soudan occidental*, dans *Comptes-rendus des séances de l'Institut Français d'Anthropologie*, supplément à *L'Anthropologie*, n° 5, Paris, 1912. — P. MARTY, *Les Mourides d'Amadou Bamba*, Paris, 1913, in-8. — H. LABOURET, *La terre dans ses rapports avec les croyances religieuses chez les populations du cercle de Gaoua*, dans *Annuaire et mémoires du Comité d'études historiques et scientifiques de l'Afrique Occidentale française*, Gorée, 1916, in-8. (Ajouter à cette liste les ouvrages de Miss A. Werner, N. W. Thomas, M. Delafosse, Ad. Cureau, Ch. Monteil, L. Tauxier, etc., mentionnés à la fin des chapitres précédents).

CHAPITRE X

MANIFESTATIONS INTELLECTUELLES
ET ARTISTIQUES

SOI-DISANT INFÉRIORITÉ INTELLECTUELLE DES NOIRS. ELLE N'A JAMAIS ÉTÉ DÉMONTRÉE. — NOMBREUSES PREUVES DU CONTRAIRE. — DISPOSITIONS DES NOIRS AFRICAINS POUR LES ARTS.

Les Nègres africains forment-ils une race intellectuellement inférieure aux autres races humaines ? On l'a souvent affirmé, mais sans jamais en donner de preuves convaincantes et en prenant généralement un point de départ faux.

On a dit que les Noirs seraient actuellement inférieurs, sous le rapport du développement intellectuel, à ce que sont les autres types de l'humanité. Il me paraît qu'on a, ce disant, confondu « ignorance » avec « inintelligence ». Le plus grand génie du monde, s'il n'était jamais allé à l'école et n'avait jamais vécu qu'au milieu des sauvages, aurait été sans doute dans la complète impossibilité de manifester sa haute intelligence naturelle, ce qui ne veut pas dire qu'il ne l'eût pas possédée effectivement.

Mais, ajoute-t-on, des Noirs africains ont reçu de l'instruction et ont été placés dans un milieu intellectuel très développé, et pourtant ils n'ont rien donné. A cela, il convient de répondre d'abord que certains ont donné des résultats fort satisfaisants, ensuite que, si le nombre de ceux-ci a été restreint, c'est qu'il y avait une différence trop grande entre le milieu d'où sortaient les sujets que l'on a voulu élever et celui dans lequel ils se sont trouvés brusquement transplantés : pour résister au choc et ne pas s'y briser le cerveau, il fallait ou bien être une intelligence d'élite — et sans doute ce fut le cas des premiers — ou bien éviter le heurt dangereux en refusant de se laisser entamer — et tel fut le cas de la majorité. J'ajouterai que les exemples particuliers ne sauraient constituer une règle générale.

Pour bien juger des capacités intellectuelles d'une population prise en bloc, il faut la suivre dans l'évolution normale de sa masse et non pas prendre quelques individus plus ou moins heureusement choisis et les transporter dans un monde tellement éloigné du leur qu'ils ne peuvent qu'y faire figure de déracinés et, comme toute plante déracinée, que s'étioler et périr, à moins de circonstances nécessairement exceptionnelles.

Or les Noirs de l'Afrique ont eu cette malechance funeste de ne pouvoir évoluer comme l'ont fait les autres grandes races humaines, sans qu'ils y aient été d'ailleurs pour rien. Alors que, depuis de nombreux siècles, les descendants des Gaulois nos ancêtres se sont trouvés constamment en contact avec des populations plus évoluées ou autrement évoluées qu'eux-mêmes, mais d'une civilisation contemporaine de la leur, et ont pu, prenant aux unes, s'inspirant des autres, devenir les Français d'aujourd'hui, les malheureux Nègres ont été, durant la même période, à peu près complètement isolés du reste de l'humanité. Si des

Blancs de l'Afrique du Nord ont réussi, en dépit de la barrière saharienne, à s'approcher d'eux, ce n'a guère été que pour emmener en captivité des milliers et des milliers d'entre eux ou pour leur imposer à coups d'épée un dogme qu'on ne se donnait même pas la peine de leur expliquer. Si, plus tard, d'autres Blancs les ont pénétrés davantage, en dépit de cet autre obstacle que constitue la barre maritime, ce fut d'abord pour leur arracher de nouveau des milliers d'esclaves, ensuite pour les inonder d'alcools de traite et en dernier lieu pour jeter sans préparation une civilisation de XIXe siècle au milieu d'autres civilisations qui étaient demeurées contemporaines de Charlemagne ou même d'Attila. Dans de semblables conditions, les Noirs ont pu emprunter la culture du coton aux Sémites et l'usage de la poudre aux Européens, mais qu'ont-ils pu gagner au point de vue intellectuel ?

Les Nègres africains offrent ce spectacle, sans doute unique au monde, de toute une race n'ayant jamais eu à compter que sur elle-même pour progresser et n'ayant rien reçu de l'extérieur, ou en ayant reçu autant de ferments de régression que d'éléments de progrès, sinon plus. Aurions-nous fait mieux qu'eux si nous nous étions trouvés dans la même situation ?

Lorsque des peuples, placés dans de telles conditions, ont pu, avec leurs seules ressources, organiser des États comme ceux dont j'ai essayé de retracer ici l'histoire ; constituer et maintenir des centres d'étude comme Tombouctou, par exemple ; produire des hommes d'État comme le *mansa* Gongo-Moussa ou l'*askia* Mohammed, des conquérants même comme Ousmân-dan-Fodio ou El-Hadj-Omar, des savants et des lettrés qui ont réussi, sans l'aide de dictionnaires ni d'une langue véhiculaire quelconque, à posséder suffisamment l'arabe pour le comprendre à livre ouvert et l'écrire correctement ; former des idiomes dont la souplesse, la richesse et la précision font l'étonnement de tous ceux qui les étudient, des idiomes qui pourraient, par le simple jeu normal de leurs lois morphologiques et sans interpolations étrangères, fournir l'instrument nécessaire à ceux qui les parlent si ceux-ci venaient à faire en un jour un bond en avant de quinze ou vingt siècles ; inventer de toutes pièces, comme l'ont fait il y a une centaine d'années les Vaï de la Côte des Graines et, plus récemment, les Bamoun du Cameroun, un système d'écriture parfaitement viable, il faut bien admettre que ces peuples ne méritent pas d'être traités d'inférieurs au point de vue intellectuel.

A côté de cela, il est impossible de ne pas reconnaître que les Noirs africains sont remarquablement doués pour les arts. Leurs dispositions musicales innées, les instruments qu'ils ont su créer et dont ils tirent souvent un parti surprenant, leurs mélopées et leurs improvisations poétiques, l'élégance des bijoux et des poteries qu'ils fabriquent et de certaines de leurs sculptures sur bois et sur ivoire, le dessin et la couleur de leurs nattes et de leurs tissus, le bon goût de leur talent d'ornementation sont des preuves incontestables de facultés artistiques qui sont appelées à donner plus et mieux qu'elles n'ont pu le faire jusqu'à présent.

L'isolement dans lequel des barrières naturelles ont enfermé trop longtemps leur habitat a fait des Nègres de l'Afrique, par rapport aux Européens plus favorisés, des arriérés ou, plus exactement, des attardés : ils ont perdu beaucoup de temps et ils ne sauraient le rattraper en un jour ni même en un siècle. Mais ils n'ont certainement pas dit leur dernier mot et leur histoire n'est pas finie. Peut-être ne fait-elle que commencer et ce livre n'est-il qu'une préface.

———

BIBLIOGRAPHIE

Comte DE GOBINEAU, *Essai sur l'inégalité des races humaines* (2ᵉ édition), Paris, 1884, 2 vol. in-18. — A. F. NOGUEIRA, *A raça negra sob o ponto de vista da civilisação da Africa*, Lisboa, 1881, in-8. — F. DUBOIS, *Tombouctou la Mystérieuse*, Paris, 1897, in-8. — SIR H. JOHNSTON, *Liberia*, London, 1907, 2 vol. in-8. — Cap. O. MEYNIER, *L'Afrique noire*, Paris, 1911, in-18 (chapitre IV). — Dʳ AD. CUREAU, *Les sociétés primitives de l'Afrique équatoriale*, Paris, 1912, in-18. — L. VIGNON, *Un programme de politique coloniale*, Paris, 1919, in-12. — H. CLOUZOT et A. LEVEL, *L'art nègre et l'art océanien*, Paris, 1920, pet. in-4.